核心素养与快乐语文

黄少林◎著

图书在版编目（CIP）数据

核心素养与快乐语文 / 黄少林著. -- 长春：时代文艺出版社, 2023.12
ISBN 978-7-5387-7293-7

Ⅰ.①核… Ⅱ.①黄… Ⅲ.①中学语文课—教学研究—初中 Ⅳ.①G633.302

中国国家版本馆CIP数据核字(2023)第215788号

核心素养与快乐语文
HEXIN SUYANG YU KUAILE YUWEN

黄少林　著

出 品 人：吴　刚
责任编辑：孟宇婷
装帧设计：钱金华
排版制作：钱金华

出版发行	时代文艺出版社
地　　址	长春市福祉大路5788号　龙腾国际大厦A座15层（130118）
电　　话	0431-81629751（总编办）　0431-81629755（发行部）
网　　址	weibo.com/tlapress（官方微博）
开　　本	787mm×1092mm　1/16
字　　数	200千字
印　　张	12.25
印　　刷	廊坊市海涛印刷有限公司
版　　次	2023年12月第1版
印　　次	2023年12月第1次印刷
定　　价	50.00元

图书如有印装错误　请寄回印厂调换

作者简介
AUTHOR

　　黄少林（1978.01—），福建省诏安县桥东中学党总支副书记，中学语文高级教师，本科学历。福建省特级教师、福建省高层次C类人才、福建省优秀教师、西藏自治区优秀援藏教师、昌都市优秀援藏干部人才、昌都市优秀共产党员、漳州市优秀教师、漳州市教育教学质量先进个人、漳州市研究型名师、诏安县黄少林名师工作室领衔人、诏安县责任督学。曾多次在省、市、县开设讲座、做公开教学，指导多位青年教师获漳州市市级优秀课例、西藏自治区昌都市教师技能大赛一等奖、诏安县教师技能大赛一等奖等；撰写多篇论文在《福建教育学院学报》等刊物上发表；主持和参与多个省、市、县级课题。

前 言
PREFACE

　　语文核心素养教育作为一种新的教育理念和教育模式，正逐渐受到广大教育工作者和家长的关注和认可。全球化使得世界各国之间的联系更加紧密，文化的交流和融合更加频繁，语文核心素养教育有助于培养学生的跨学科交流能力和全球视野。传统的教育模式注重知识的传授，而现代社会对人才的要求促使教育更加注重综合素质和能力的培养。语文核心素养教育有助于培养学生的综合素质和能力。学生需要在学习中发现自己的兴趣和潜能，培养自己的特长和优势，实现个性化的成长和发展。

　　传统的语文教学更偏重知识的传授和应试技巧的培养，而对学生的兴趣和情感体验有所忽视。而快乐语文教学通过创设具体情境，营造活泼的课堂氛围，通过生动幽默的语言来教学，让学生在轻松愉悦的体验中获得熏陶，掌握知识，提升核心素养。快乐语文教学注重培养学生的综合素养和能力，使学生具备更好的适应社会发展的能力和竞争力。

　　本书主要针对核心素养与快乐语文进行探讨，旨在介绍核心素养教育背景下实现快乐语文的具体措施。该书结构清晰，重点突出，兼具理论高度和可实践性。

目 录
CONTENTS

第一章　核心素养教育背景下的初中语文课程 …………………………… **001**
　　第一节　语文核心素养的内涵 ……………………………………………001
　　第二节　初中语文核心素养教育课程 ……………………………………025

第二章　核心素养教育背景下的初中快乐语文教学 ………………………… **051**
　　第一节　快乐语文的内涵 …………………………………………………051
　　第二节　初中快乐语文教学的课堂结构 …………………………………063
　　第三节　初中快乐语文的阅读教学策略 …………………………………069
　　第四节　初中快乐语文的写作教学策略 …………………………………125

第三章　走进课堂 ……………………………………………………………… **158**
　　第一节　快乐语文的课堂导入 ……………………………………………158
　　第二节　快乐语文的知识讲解 ……………………………………………160
　　第三节　快乐语文的互动学习 ……………………………………………163
　　第四节　快乐语文的课堂总结与评价 ……………………………………167
　　第五节　快乐语文的课堂延伸 ……………………………………………169

第四章　我的成长小作 ………………………………………………………… **172**
　　第一节　农村中学中考语文总复习策略 …………………………………172
　　第二节　"少教多学"在初中语文教学中的实践 ………………………175
　　第三节　基于"四有"教师标准的中学师德师风建设策略研究 ………179

参考文献 ………………………………………………………………………… **185**

第一章　核心素养教育背景下的初中语文课程

随着信息技术的快速发展和全球化的深入推进，社会对语文教育的需求也发生了巨大的变化。传统的语文教育注重知识的传授，而现代社会对人才的要求促使教育更加注重综合素质和能力的培养。在这样的背景下，语文核心素养的提出和强调，旨在培养学生的综合能力，使他们能够适应当代社会的需求。

语言是人类交流和思维的工具，良好的语言运用能力对个人的发展和社会的进步都具有重要意义。语文核心素养的培养注重培养学生的听、说、读、写等语言技能，使他们能够准确、流利地表达自己的思想和观点，增强沟通能力和表达能力。这对学生的学习和工作都有着积极的影响。语文是一门人文学科，它不仅仅是一种工具性的技能，更是一种文化的传承和积淀。语文核心素养的培养注重培养学生对文化的理解和欣赏能力，使他们能够理解和感受文学作品的内涵和艺术魅力，增强对传统文化的认同和自豪感。这对于培养学生的审美情趣和人文精神、提高他们的文化素养和人文素质具有重要意义。语文学习不仅仅是一种知识的传授和记忆，更是一种思维的训练和启迪。语文核心素养的培养注重培养学生的思维能力和创新能力，使他们能够独立思考、分析问题、解决问题，培养批判性思维和创造性思维。

第一节　语文核心素养的内涵

一、语文核心素养理论及初中语文教学存在的问题

（一）语文核心素养相关概念的界定

1. 素养与核心素养

"素养"一词拆开来看，"素"的含义是本质、本色，体现了人天生

的性格特征和个性,侧重于体现由内在基因决定的先天特点;而"养"可理解为培养、修养等,更加侧重人在后天外在成长环境下的教育、熏陶和历练,重视生长环境的影响。就"素质教育"一词来说,"素质"实则和"素"的内涵相同,因此"素养"一词相比于"素质",更加突出了后天教育的重要性,表示个体在先天基因决定的基础上,通过后天的培养、引导和教育而取得的修养和能力。

"核心素养"的首次提出是在教育部发布的《关于全面深化课程改革落实立德树人根本任务的意见》中,且被放在深化课程改革的基础地位。核心素养是指学生应具备的、能够适应终身发展和社会发展需要的必备品格和关键能力。根据林崇德教授团队的研究结果,学生核心素养综合表现为文化基础、自主发展、社会参与三个方面;人文底蕴、科学精神、学会学习、健康生活、责任担当、实践创新六大素养;具体细化为国家认同等十八个基本点。但换个角度来看,上述核心素养体系似乎有些过于大而全,反倒未能突出核心和关键。核心素养应该与全面素养区别开来讨论,它的核心在于最本质和最基础的素养,是一种有着强壮生命力的种子素养。认清其核心所在,才能更好地在教育教学环节中理解和落实。

2. 语文素养与语文核心素养

在语文课程教学中的所有内容都与语文素养有所关联,将其定义为语文课程中的核心理念与第一理念。但是"语文素养"一词的详细概念并不清晰,没有明确阐述其内涵与外延,导致在实际教学过程中被严重泛化,变成了一个无所不包的概念,随之出现"非语文""泛语文"等现象,进而对语文教学的实践环节造成负面影响,势必会降低教学质量,将教学实践带入歧途。

语文核心素养是语文学科和核心素养两方面的完美融合,是对语文素养概念的具体化与核心化,它在体现出综合核心素养的同时,又展现出了语文学科的独特魅力。语文学科的核心素养具体而言,是指处于基础教育阶段的学生,通过接受语文课程教育,认真学习语文课程的内容,逐渐培养并形成自己的语文学科素养[1]。在此基础上,结合其他基础教育课程之间共同具有的核心素养内容,逐渐形成能够适应当下社会发展、

---

[1]吴永军. 关于语文核心素养的理性思考[J]. 教育研究与评论,2022(10):13-18.

促进学生终身发展的最基本的能力、品格和知识。在当下，语文教育界已经对语文核心素养的具体内涵达成了初步共识，主要包含语言建构与运用、思维发展与提升、审美鉴赏与创造、文化传承与理解等四个方面的内容。

（二）语文核心素养构成要素

1. 语文核心素养各要素

语文核心素养是学生在积极主动的语言实践活动中构建起来的，并在真实的语言运用情境中表现出来的个体言语经验和言语品质；是学生在语文学习中获得的语言知识和语言能力、思维方法和思维品质，是基于正确的情感、态度和价值观的审美情趣和文化感受能力的综合体现。如果把语文核心素养分解阐释的话，就是语言建构与运用、思维发展与提升、审美鉴赏与创造、文化传承与理解四个要素。

（1）语言建构与运用

语文新课标研制组认为，具备"语言建构与运用"素养的高中生，"应该在丰富的语言实践学习活动中，通过主动地积累、梳理和整合，逐步掌握祖国语言文字所具有的特点及各种运用规律，从而形成个体的言语经验，并能够在具体的语言情境中正确有效地运用祖国语言文字进行交流沟通"。这应该可以作为语言建构与运用素养的基本内涵与内容。

语言建构与运用是语文核心素养中最具有语文学科特质的基础素养，思维、审美、文化素养都是以语言建构与运用为基础的[①]。语言主要是满足人们的社会交际需求，它与社会的关系密不可分，随着社会的发展变化而不断变化，以更好地服务社会。在日常生活中，"言语"一词有着比语言更丰富的内涵，语言是某一特定区域下，全体社会成员用来交流信息而使用的一种约定成俗的工具，而言语则是社会中个体对于这种语言的理解、使用和结果。在这里我们要学习的是在一定阶段上具有稳定性、社会约定俗成的语言。语言建构就是让学生学习具有普遍意义的语言体系，包括语音、语义、词汇、语法等，掌握语言运用的规则。有时候说话者为了自身思想表达的需要，往往会在某些特定情境下创造性地使用一些新句子，由于语言体系具有层次性和较强的灵活性，语言就成为一

---

① 吕惠青. 初中语文核心素养内涵及其培养路径研究[J]. 教学管理与教育研究，2019（18）：28-29.

种富有弹性却又十分经济的装置。新句子虽然比较多，但都是在原有语言的基础上重新组合，并且新句子也有一定的规律可循，因此只要说话者与听话者采用同一种语言进行交流，那么对于双方而言，使用和理解新句子都是比较容易接受的。语言构建和运用就是让学生理解和掌握语言在运用时的普遍性规则，并能灵活运用在口头和书面的表达当中。

（2）思维发展与提升

杜威说过："学习就是要学会思维。"能否在教育教学过程中让学生的思维发生转变是衡量教育改革是否有本质变化的标准。思维是个体在大脑中进行分析、比较和综合活动的一种能力，是认识客观事物过程中动脑筋的体现，属于人脑所具有的一种特殊机能。思维发展与提升是指学生在语文学习的过程中，通过语言运用，获得直觉思维、形象思维、逻辑思维和创造思维等能力的发展以及思维的深刻性、敏捷性、灵活性、批判性和独创性等思维品质的提升。语言建构与运用是其他三要素的基础，而语言又是思维的外壳，是对思维结果的记录和固定，语言的表述实际上反映的是思维的变化。语言和思维的发展相辅相成，密不可分，因此，思维发展与提升是语文核心素养中最本质的素养。

（3）审美鉴赏与创造

审美鉴赏与创造是语文核心素养中的高级素养。马斯洛提出的需求层次理论把人类的需求从低到高分为生理、安全、社交、尊重和自我实现等五类，而审美需要普遍被认为应该位于尊重需求和自我实现需求之间[1]。人与动物的区别之一是，人类除了生理需求之外，还会有更高层次的追求，对美的需求就是一种高级需求，也是人类的一种正常需求。而审美鉴赏与创造素养普遍被认为是指"学生在语文活动中体验、欣赏、评价、表现和创造美的能力及品质"。在语文的学习过程中，学生通过对优秀作品的鉴赏来品味语言艺术中蕴含的魅力，体验语言所表达的丰富情感，感受语言所展现出的思想魅力，从而激发学生的审美想象，让学生从中领悟人生哲理，并逐渐学会和运用口头和书面语言来表达美和创造美，形成学生自身的审美能力和意识，最终养成高雅的审美品位和情趣。

---

[1] 黄伟.追求阅读教学内容结构化，促成语文核心素养进阶发展[J].中学语文教学，2022（08）：4-9.

（4）文化传承与理解

文化传承与理解是指"语文学习过程中，学生能立足中华优秀传统文化的根基，初步具有对民族文化的理解和吸收、传承和发展的能力以及吸收人类文明优秀成果的能力，并在语文学习中拓展文化视野，增强文化自觉和文化自信"。即指学生在语文学习中，需要具备继承和欣赏中华优秀传统文化的能力；理解、包容和借鉴不同的民族文化、区域文化的能力；对待不同文化时表现出的文化自信、文化视野、文化自觉的意识和态度。

我国历史文化悠久，从浩瀚如海的文献典籍就可见一斑，要传承中华民族的优秀文化，自当传承经典，取其精华，同时面对其他国家和地区的文化也要互相尊重，兼容并包。另外，也要关注当下文化生活，与时俱进。

2. 语文核心素养各要素之间的关系

在理解"语文核心素养"具体要素和内涵的基础上，我们来厘清语文核心素养中包含的语言、思维、审美以及文化这四者之间的相互关系。首先，相比于其他素养，语言建构与应用是独有的、唯一属于语文学科课程的一项素养，也是其他三项素养的基础[1]。其次，不管什么学科，都要求培养学生独立的思维能力和品格，但是语言作为表达思维的工具，它直接体现着个体的思想，是人类思维的一种外化形式，所有的学科都是以语言为载体来培养学生的思维能力。所以，通过语文学科的学习来培养思维是最根本的，也是进行其他学科教育的前提，它实际上覆盖了所有的教育内容，并于其他学科结成同盟，共同实现对学生的教育。再次，任何学科都肩负着对文化的传承，尤其是语文、艺术与历史课程，而语文学科中的文化信息是以口语和书面语来承载的，所以，文字作为文化传承的载体，作为文化传播的最基本的工具，它自身就是一种极其重要的文化现象，且语文课程也必须积极关注当下文化生活的发展。最后，任何学科都要面对审美问题，文学与艺术是审美的专门化。语文审美是针对言语作品的审美，在这一点上，语文和艺术具有分工的关系。但是，语言在表达美感的普遍性方面，也是其他艺术无法取代的。语文

---

[1] 马杰. 基于多元智能理论的初中语文核心素养培养策略研究[J]. 教育艺术，2022（05）：65.

核心素养可以具体拆分为四个方面的表现，但是在对学生进行培养教育时，虽各有侧重，但都需要共同培养，联合推进，而不能分开来单独实施，更无法一个个来让学生分别掌握和实现。

既然只有"语言建构与运用"是语文学科所独有的，那么，如何让"审美鉴赏与创造"凸显语文特点，给它赋予语文色彩，就显得非常重要。

（三）语文核心素养视域下初中语文教学存在的问题

1. 忽视学生主体地位

主体性又叫主动性，也就是自觉主能动性，它是人全面发展最根本的特征，也是全面发展的核心和精神实质。主体性是学生的内在属性，是与生俱来的[①]。学生的主体性，即学生学习的主体性，就是说，学生不仅是能学习的，而且是独立地、主动地和创造地去学习的。发展学生的主体性，就是要让学生生动活泼地得到发展。虽然以"学生为主体，教师为主导"的教育理念已经为教师所熟知，但是在实际的教学过程中却并未得到落实。

初中阶段，学生学习压力大，教师教学任务重，教学内容有难度，语文课堂很容易就变成了满堂灌的形式。教学目标是教学的灵魂，贯穿于整个教学的全过程，统率、制约、影响教学的其他因素是教师选择教材、确定教法、决定教学计划的根据，而很多教师往往在教学目标的设计、方法的选择、时间的安排上等都不以学生为主体，而是倾向于按照自己的想法完成教学任务，偶尔的课堂提问也只是"点缀"；教师讲得太多，学生没有思考和消化的时间，只能被动接受；教师以自己的理解来代替学生的直接体验，局限了学生个性解读的权利；教师最关注的是学生的知识掌握情况，忽视个性发展问题。

初中每节课的任务量都很大，教师为了完成教学任务，基本采用讲授法，即使少量提问也不做有针对性的点评。对于文章的理解也是以教参的结论为主，而没有学生思考与审美的参与过程。长此以往，学生也养成了"坐等现成答案，懒于思考"的不良习惯。内容的既定性，不能引导学生发挥潜能、积极思考，呆板的气氛不能调动学生情感、激发学

---

①魏晓伟.浅谈初中语文核心素养教学策略[J].中国多媒体与网络教学学报（下旬刊），2021（11）：191-192.

生兴趣，又如何让语文课程成为审美活动呢？学生不是语文课堂的主体，又如何成为语文审美活动的主体呢？发展学生的主体性是现代教育所追求的核心目标，语文核心素养是要让学生具备语言、思维、审美、文化等能力，主体是学生，如果不能做到以学生为主体，那核心素养的培养就是一句空话。

2. 目的性极强的教学追求

张文质有一句话平易朴素而意味深长："教育是一种慢的艺术。"若说"教育是农业"，而农业者，春风化雨顺其自然也，如果农夫以"快出人才"的心态对待秧苗，非要用人工让庄稼实现跨越式发展，那是"揠苗助长"，自然事与愿违，颗粒无收。语文是一门非常美丽的学科，不但是语言美，还有情感美、意境美等其他方面的美丽。语文是一门非常重要的学科，学习语文也不仅仅是为了有一个好成绩，还是为了让学生有语文审美能力，通过语文学习，获得审美体验，培养审美情感，能够鉴赏并且创造艺术。但受应试大环境的影响，当下很多教师在语文课堂上都忽略了语文所肩负的审美文化使命，只教给学生考试所需要的内容，把语文像教数理化一样机械地教给学生，甚至有所谓的答题套路。语文并不是一门只具有工具性、实用性的学科，更重要的是它赋予学生的内在修养，如果我们抱着一颗立竿见影的心态来教或者学语文，那是本末倒置的。

一个学校提倡特色，但特色是需要实践和时间的[①]。"实践"意味着特色是做出来的，"时间"意味着特色的形成需要历史的积淀。学校狠抓中考质量，因为中考成绩直接关系着学校的名气和来年的招生问题。但中考成绩的提升应该来自学校的内涵发展，特别是课堂教学的改革，而非应试技巧的试练。

面对考试的压力，很多语文老师还是会选择教给学生"有用的知识"，这其实无可厚非，毕竟教师自身也承受着来自多方面的压力。但是，"有用"并不是语文课程的终极目标。教师往往忽视对教材文本的深入解读，但学生认识的提高、情感的熏陶、思维的发展、审美能力的形成等，都是在深入解读文本的过程中得以实现的。教师也经常忽视对学生阅读能力的培养，代之以题海式的机械训练，但学生解答语文题目，

---

①张铃.基于语文核心素养的语文写作教学研究[J].作家天地，2022（05）：85-87.

尤其是主观性试题，本质上是以阅读能力为前提的。教师还大多忽视对学生思维品质的培养，代之以模式化的技巧传授，限制了学生思维的灵活性、整体性、深刻性和创造性等[1]。有的教师还忽视学生语文学习独特的情感和审美体验，代之以统一的标准感受，但情感经验和审美体验是非常主观化和个性化的东西，教师和学生的体验是不一样的，不能用标准化的答案来界定对错与否。

语文是最接近人的一门学科，除了工具性，还有人文性，并且人文性是在过程中体现的，是一个长期积累的过程。教育理念是教育行为的内在灵魂，决定着教育的方向和智慧，不能忽视学生是有个性、有悟性、有灵性的人，教师应当明确语文教育要提高语文核心素养，从而促进学生的终身发展，而不仅仅是考试的需求。

3. 教学方法与手段单一

核心素养的落实还需要丰富多元的教学方法和手段的辅助。很多老教师在上语文课时还是囿于传统的教学手段，很少使用现代教育手段，并且教学方法单一，大多采用讲授法，没有综合运用。

在实际教学过程中，有很多老师还是一直采用讲解法，很少尝试用讨论法、小组交流法、师生互动法、启发法等教学方法，他们觉得让学生来讲解或回答问题是耽误时间，不如自己讲得更有条理。教师有时候站在讲台上讲，不与学生交流，师生之间的距离好像遥不可及，教师讲得索然无味，学生听得无滋无味，教与学的效果都很差。教学方法的使用应该多元化，比如讲授法、讨论法、问答法、练习法、启发法等可以综合交叉运用，不同素养侧重点不同，运用的教学方法也应不同，要因材施教，这样才能促进语文核心素养的整体发展。

有些教师觉得多媒体教学会转移学生的注意力，还是习惯采用传统的板书和教材结合的方法。但是教师要考虑到学生的心理需求，大多数学生是喜欢老师使用多媒体上课的，因为多媒体能带来视觉上的冲击，画面感强，能够吸引人，比单纯枯燥地讲要有趣[2]。这里并不是一定要让教师采用现代化教学手段，而是要结合学生实际情况，结合教材内容等采用合适的教学手段，目的还是吸引学生注意力，促进学生学习。

---

[1]孙梅英. 初中阅读教学中语文核心素养培养策略研究[J]. 新课程，2021（45）：36.
[2]肖挺. 立足古诗词教学 提升语文核心素养[J]. 中学语文，2022（30）：15-16.

教师在讲课时，不仅要重视语文知识的内在联系，还要注重知识与实际生活的紧密联系，找到课堂知识与社会生活的最佳契合点，激发学生学习兴趣。充分运用多种教学方法，发挥多媒体教学直观形象的作用，带给学生感官上美的享受，创设情境，让学生成为课堂的主人，师生共同参与，共同交流，提高课堂效率。

4. 学生缺乏积极思考的意识和习惯

在教学过程中，学生学习效果受到起主导作用的教师影响，而起决定作用的内在因素却是学生自身。在初中语文课程的学习中，存在的普遍而显著的问题就是，学生在语文活动中缺乏积极思考的意识和习惯，对语文课程的学习不够重视，不愿意花更多的精力在语文学习上。

"学而不思则罔"，学生的学习活动离不开思维活动，思考力是实施课堂高效教学的有力保证。但由于种种原因，很多初中生在语文学习中都缺乏积极思考的意识和习惯，只是被动接受。而语文核心素养中语言的灵活运用、思维的发展提升、审美鉴赏与创造、文化理解与传承，无一不需要思考的参与，思维才是贯穿教学活动的灵魂。如果学生不能积极思考，那语文核心素养的提高就是一句空话。

当代网络技术发达，学生很容易从网上找到问题的答案，加之各种辅导资料层出不穷，都有自己的思考模式，更限制了学生的思维，而初中生在高压的学习状态下自然就选择了现成的结果。另外，由于长期以来受到传统教育的影响，教学过于偏重学科知识，忽视思想方法创新，习惯注重语言知识的传授和强调基础知识，而忽视了对学生思维的培养和提高。长此以往，就养成了学生懒于思考的习惯。课堂上一些同学很少主动思考问题，即使老师提出明确的问题，很多同学也不愿意去思考，或者浅思考后就放弃了，他们更愿意听老师帮忙分析，更愿意记录老师总结好的答案。一个学生，如果没有经历过思考性的学习，就不会产生自我的认知体验和学习情感，无法培养出学生健全的大脑和人格。

语文是一门工具性和人文性相统一的学科，语文学习也是循序渐进和积累的过程，仅凭语文课堂几十分钟的时间，是很难取得成效的[①]。而初中生不重视语文学习，在有限的课堂时间也懒于思考，对语文学习不感兴趣，不制订完整的学习计划，没有明确的学习目标，缺乏积累的习

---

① 魏文翠. 读写联动，提升学生的语文核心素养[J]. 学园，2022，15（25）：36-38.

惯，这已经是比较普遍的现象。

语文学习具有多样性、灵活性等特征，但在课堂上，学生习惯全盘接受教师传授的知识，而不加以消化，课后也不认真复习，不主动思考学习中遇到的问题，这就造成学生的学习始终处于被动状态中。另外，很多学生在学习语文这门课程时都会迷惑，因为语文不像数理化有明确的答案。语文要怎么学，语文学习的目标是什么，又需要达到什么样的高度等，这些问题困扰着学生，而他们也没有仔细思考过这些问题，所以往往在学习过程中就迷失了方向，语言、思维、审美、文化等素养的培养是无意识的，是不明确的。再加上平时没有养成良好的语文学习习惯，语文学习比较随意，也不注意阅读背诵，语文积累贫乏，视野狭窄，缺少生活素材、生活经验、生活感悟，而语文是最贴近生活的一门学科，如果不能把生活和语文联系起来，语文课程就会失去它丰富多彩的味道。

二、语文核心素养的结构系统

（一）语文核心素养的构建思路

1. 语文核心素养的确定依据

基于现代社会发展的需求、语文学科的独特贡献以及研制中的《普通高中语文课程标准》，此外，还需借鉴当前国内外核心素养的研究成果，以上作为语文核心素养的确定依据，有益于突出语文学科特色、探求语文学科本质。

（1）现代社会发展对于语文核心素养的需求

语文核心素养是时代发展的产物，它的建构只有立足于社会发展需求，才能从根本上满足和顺应现代社会发展对语文课程的价值诉求。现代社会需求与学科教学的中介是人才培养的要求，社会需要什么样的人才，学科教学就培养什么样的人才。现代社会发展所需的人才所要具备的核心素养中，哪些是语文学科育人价值的体现，哪些就指向语文核心素养。

2016年9月，北京师范大学历时三年的研究成果，《中国学生发展核心素养总体框架》公布，包括三个层次共六大核心素养，文化基础层次包括人文底蕴和科学精神；自主发展层次包括学会学习和健康生活；社会参与层次包括责任担当和实践创新。语文学科的育人价值主要体现在文化基础层次中的人文底蕴素养，增强人文积淀、培养人文情怀、激发审美情趣等，语文核心素养要具有一定的人文价值和人文关怀。

2012年9月，联合国教科文组织的标准工作组修订了核心素养草案，征询了至少57个国家近500位代表的意见，初步确定了核心素养指标体系的七个学习领域，即身体健康、社会情绪、文化艺术、文字沟通、学习方式与认知、数字与数学、科学与技术。作为母语教育的语文学科主要作用于"文字沟通"这一素养，即"能在社会生活世界中运用第一语言进行交流，包括听、说、读、写，并能听懂或读懂各种媒体的语言"。语文学科主要培养学生说与听、词汇、写作、阅读的能力，是通过语言学习来发生作用的，培养人的语言文字沟通能力。

（2）现有的语文核心素养研究成果

随着核心素养研究热潮的掀起，不少学者对语文核心素养的框架提出了各自的看法。如语文核心素养的二维框架：语言能力和人文修养。其中人文修养包含三个维度：一是情感、态度、价值观；二是审美情趣；三是文化底蕴。语文核心素养的三维框架：第一种认为是语感、语文学习方法和语文学习习惯；第二种是思维力、阅读力和表现力；第三种是学习素养、交往素养、人格素养；第四种是从核心知识、核心能力、核心态度三个维度来概括语文核心素养的。语文核心素养的四维框架：一是必要的语文知识；二是较强的识字写字、阅读与表达（包括口语与书面语）能力；三是语文学习的正确方法和良好习惯；四是独立思考能力与丰富的想象力。最具代表性的莫过于正在研制中的《普通高中语文课程标准》，其讨论稿提出了语文核心素养的四个维度，包括语言建构与运用、思维发展与提升、审美鉴赏与创造、文化传承与理解。学者们又在这四个维度的基础上进行研究，比如有的学者认为语文核心素养在四维框架的基础上应该加上品德修养，即语文核心素养包括语言运用、思维发展、审美情趣、文化传承以及品德修养等。

以上研究成果界定的语文核心素养框架虽有所不同，但都为笔者的语文核心素养框架研究提供了很好的参照[1]。语言素养在各个框架中都有重要的位置，包括语感、识字写字能力、阅读表达能力、沟通交流的能

---

[1] 赵云霞. 基于核心素养的初中语文阅读教学探究[J]. 文教资料，2020（30）：203-204+162.

力等。此外还有审美、文化、思维以及语文学习方法、习惯等要素。语文学习方法与习惯是隐含在任何一个要素之中的，没有正确的语文学习方法与习惯不会形成语文核心素养，反过来语文核心素养形成了也就必定具有了正确的语文学习方法与习惯，所以没有必要作为要素列入语文核心素养框架中。

目前来看认可度最高的便是语文核心素养的四维表述，即语言建构与运用、思维发展与提升、审美鉴赏与创造、文化传承与理解，这四个维度的指标（语言、思维、审美、文化）几乎涵盖了语文教育所有的内容，有很大的借鉴价值，但也正是这种近乎求全的描述，却难以体现语文核心素养的精神要义。首先四个指标概括全面，但核心不够突出；其次四个指标的表述存在一些问题，例如"审美鉴赏与创造"，鉴赏本身就包含在审美范畴内；再次各个指标之间的关系是孤立的还是联系的，也需要进一步说明；最后在实际操作层面，思维、审美、文化这三个要素是如何养成的，落脚点在哪里。只有厘清了这些问题，才能防止语文核心素养成为纯粹的"口号操作""文字游戏"。提出了口号，要有深入的研究和清楚的解读，才能避免给人以文字游戏之感。

所以语文核心素养的结构系统要真正体现"核心"二字，要求各个指标之间的关系清晰、每个指标的表述明确，才能够为一线语文教师的教学提供"抓手"。

(3) 语文学科在基础教育课程体系中的贡献

语文学科的本质属性是语言，语文学科是学习语言的学科。林崇德先生在其主编的《21世纪学生发展核心素养研究》一书中，对我国现行35门课程标准（义务教育阶段19门，高中教育阶段16门）进行内容分析，整理并界定出了35种核心素养指标，并把这35种核心素养在义务教育阶段和高中教育阶段各学科课程标准中的提及频率进行了统计，量化的统计结果对于考察语文学科在基础教育课程体系中的贡献提供了很大的帮助。

无论是在义务教育语文课标还是高中教育语文课标中，"语言素养"都是提及频率最高的素养，排除俄语、日语、英语等三门外语学科，我们把这里的语言界定为母语，所以在培养"语言素养"方面，无论是义务教育阶段还是高中教育阶段，语文学科的地位是无可取代的。当然

"学习素养"在各个课程标准中提及的频率都很高,足见具备"学习素养"是各个学科共同追求的。其他的一些指标,例如"艺术与审美能力"这一指标,语文课标中提及频率较高,但远远不及音乐、美术、艺术三大学科。在"多元文化"这一指标中,音乐、美术、艺术三大学科同样表现突出,品德与社会也做出很大贡献。在"人文素养"这一指标中,历史、美术、艺术、音乐、思想品德与语文一道,共同培养这一素养。在"创新与创造力"这一指标上,高中技术学科提及频率最高,地理、化学、生物、物理、数学等学科以及美术、音乐、艺术等学科与语文学科一样都有所涉猎。

无论是从语文学科自身辩证思考所得,还是从统计结果中观察比较所得,语言素养都是语文学科的核心素养,而学习素养、思维素养、审美素养、文化素养,是一些学科所共同追求的。不可否认,语文学科在这些素养的培养方面同样做出了贡献,但都是通过语言学习而产生的育人价值,归根结底还是语言。语文核心素养不是所有相关素养的整合,提炼出的语文核心素养要素可能会涉及各相关学科的内容,但只有语文学科的侧重在内涵和外延上具有独立性。

2. 语文核心素养的构建途径

基于语文教育学理论从语文核心素养三个维度的表现上,选取居于核心地位的要素,从而构建体系。根据《义务教育语文课程标准》和《普通高中语文课程标准》提到的关于知识、技能、态度三个维度的要素,对这些构成要素加以研究、细分、归类,总结出语文核心知识、语文核心技能、语文核心态度,进而归结出可以培养成哪些必备品格和关键能力。

基于语文学科本身和重要的教育文件,从语文教学任务中选取应当重点培养的主题内容,进而构建语文核心素养体系[1]。如果将"语言"作为重要的主题内容,那么它在语文核心素养中对应的就是"语言建构与运用"。这种建构方式突破了知识、技能、态度的系统划分,探究的结果为语文教学中核心的主题要素。

---

[1]李春海. 关于开展群文阅读提升学生语文核心素养的策略研究[J].天天爱科学(教学研究),2022(04):49-50.

3. 语文核心素养的表述方式

语文核心素养指标的命名与各指标内涵的界定是构建语文核心素养要面临的基本问题。语文核心素养的提炼要立足于学科本质及其育人价值，要素的命名不能不考虑语文课程内容。各个学科都有各自的核心素养，此学科之所以不同于彼学科，主要取决于课程内容的差异，否则很难避免雷同和泛泛而谈。比如"思维发展与提升""审美鉴赏与创造""文化传承与理解"放在语文学科来考虑就知道指的是什么，置于基础教育课程体系中去考虑，就难以分辨出是语文学科的核心素养还是其他学科的核心素养了。

在比较不同的国际组织、国家或地区的核心素养框架之后，结合语文学科自身的特点，在指标的命名方式上，本书将采用功能型与专题型综合的命名方式，即素养既建立在某种主题之上，又建立在某种功能之上，例如选取"语言"这一专题，再加上对其功能的表述"运用"，就形成了"语言运用"这样的表述。在对各个指标的内涵进行阐述时，将采用对指标所期待的行为结果进行描述。以学生为主体，较为明确地将语文核心素养的目标以行为的方式表达出来。

（二）语文核心素养的构成要素辨析

1. 语文核心素养构成要素的甄别

语文学科的根本是语言，语文教育是以语言发展为基础的教育，其他任何价值都是从语言这片土壤上培植出来的，语言是核心、是焦点。现在把这一焦点放大，甄别与语言相关的要素，准确把握语文教育中学生应该具备的素养。

（1）"思维"不是语文核心素养的构成要素

语言与思维存在密切的关系，语言是思维的载体，是其物质外壳，人类的抽象思维都是在语言的基础上进行的。语文教学主要是语言教学，在这一过程中，不可能不培养学生的思维能力。

学生由对母语的感性认识上升到理性认识这一过程中，随着听、说、读、写水平的提高，思维品质也在不断地提升。在语法规则训练中，学生的抽象思维得以发展；在辨析语言运用中的矛盾现象时，学生的辩证思维得以发展；在文学作品的品读中，学生的联想和想象得以发展。在语文学习过程中，学生的分析、比较、归纳能力都有所发展，思维的灵敏性、深刻性等品质也有所提升。

但以上这些都是建立在语言载体之上的，是通过语言学习而获得的，不能脱离语言而存在。思维的培养已经蕴含在语言的发展之中了，我们为什么要剥离语言这层物质外壳呢，没有了这层物质外壳的思维还是语文学科所追求的吗？并且虽然学生在语文学习过程中思维力有所发展与提升，但我们并没有以此作为目的来培养。即使我们想要去培养学生的思维力，我们又以什么为抓手呢？把阅读教学上成思维训练课，还是把写作教学上成思维训练课呢，显然都不合适。

基础教育阶段的课程都在作用于学生思维的发展，比如数学学科，对学生的数学抽象、逻辑推理、直观想象都有较高的要求[①]；物理学科发展学生的科学思维；生物学科发展学生的理性思维；信息技术发展学生的计算思维等。而我们的语文学科对思维的贡献却是很难界定的。我们的语文学科不能再"大包大揽"了，借此核心素养提倡之机，我们要卸掉自身的包袱，语文能做好语文自己就已经完成自己的使命了。

（2）"审美"与"文化"应列入语文核心素养

在语文学习的过程中，学生通过阅读优秀的文学作品，品味其语言艺术，能够感受到语言美、形象美、情感美，基础教育阶段的学生应该具备一定欣赏文学作品的能力。在这一过程中也蕴含着丰富的情感，学生能体会到祖国语言文字独特的美，激发学生对语言文字的热爱之情。鉴赏和评价文学作品，形成自己的审美体验，既能促进语言运用能力的形成，又是具有良好的语言运用能力的表现。所以，基础教育阶段的语文教育应该使学生具备这一素养。但"审美"内涵丰富，对这一指标要界定到语文学科领域，才能突出语文学科的育人价值。

语言承载文化，"索绪尔以来的现代语言学，往往过分强调了语言是任意的音义符号系统而忽视了语言是文化的载体这一面"。从语言至文化，运用语言来洞察人类文化的过去和现在，从文化至语言，通过人类文化来掌握人类语言特性。通过语言文字来熟悉和把握民族传统文化是最方便有效的，所以让学生了解、继承和弘扬民族文化是基础教育阶段语文教育的任务之一。但"文化"包罗万象，对这一指标要加以限定，对这一素养指标达到的水平也要进行具体的阐述，不然我们的语文还会

[①] 李雪梅. 基于语文核心素养的课程评价[J]. 课外语文，2022（09）：8-10.

面临"泛语文""非语文"的审问。

2. 语文核心素养构成要素的表述

（1）语言运用

语文核心素养关照的主体是学生，所以应该揭示学生学习语言的规律。学生语言能力的培养不是一蹴而就的，而是经过一个渐进的过程。最初是通过积累而形成了语感，即在丰富的语言材料和言语活动经验的基础上，学生凭借直觉感悟和归纳在应用中形成了良好的语感，语感是指"包括语音感、语义感、语法感，在心理上表现为一种感受、直觉、心智技能、审美能力，在本质上为一种能力"。在此基础之上，通过理性分析和演绎形成规律性认知也就是语言运用的规律，我们称之为语理，包括语法、逻辑、修辞等内容。掌握语理不是目的，而是帮助学生建构自己的语言系统的必要条件。最后可以在特定的语境中凭借语感和语理进行交流，这种交流可以通过口头语言的形式也可以通过书面语言的形式来达成。最后将自己获得的言语活动经验和策略，在实践中灵活地运用，通过语言运用能力，解决现实中存在的问题。

这一素养表述成"语言建构与运用"指向过程是可以的，表述成"语言运用"指向最终结果也无可厚非。其内涵是指学生在语言实践中，积累语言材料和言语活动经验，掌握祖国语言文字的特点及规律，丰富语言个性，在具体的语境中有效地运用祖国语言文字进行交流与沟通。这一素养凸显了语文学科的本质、根本任务也是独当之任。

（2）文学审美

在语文学习中，学生通过阅读，鉴赏优秀的文学作品，品味其语言的艺术，进而激发审美想象，感受思想魅力，同时获得丰富的情感体验，学着用语言去表现美，形成审美意识和审美能力，养成高雅的审美情趣，是语文核心素养形成和发展的重要表现。

那么这一语文核心素养指标该如何表述呢？"审美鉴赏与创造"这种表述是否合适呢？首先"审美"一词使用范围过于广泛，且主要用于美术学科、音乐学科、艺术学科等，我们语文学科的"审美"和以上学科的"审美"最主要的区别是主体不同，语文学科进行的是文学作品审美能力的培养，是一种"文学审美"。再者"审美"本身就包含"鉴赏"之意，后面再加一个"鉴赏"，语义重复。至于"创造"，接受基础教育阶段的语文教育过后,我们是否必须要求每个学生都具有审美创造的能力呢?这不是必须的,不是每一个学生都要达到"审美创造"的水平,即使在大学阶段接受汉语言文学专业的教育,也不能保证每个学生能够形成这一素养。学生能够鉴赏语言的美、学会用语言去评价文学作品的美是必须的,至于能否去创造文学作品的美,那就因人而异了。

(3)文化理解

语言文字既承载人类文化,又是人类文化的组成部分,在语言文字的学习过程中,可以受到优秀文化的熏陶感染。学生在语文学习过程中,借助语言文字,能够了解博大精深、源远流长的中华文化,积累一定的文化常识[1]。继承优秀的中华文化,提高自身修养;理解中华文化,增强文化自信;参与文化传播和交流时,提高文化自觉和文化意识。有一定的文化积淀,也能够促进学生对祖国语言文字的学习、理解和热爱。此外,语文学习过程中也会涉及许多来自其他地域的优秀文学作品,学生也要对这些作品背后所蕴含的优秀文化持以包容和尊重的态度,吸收借鉴人类文化的精华。

基础教育阶段的学生在学习语言文字的过程中,能够积累一定的文化常识,理解并认同语言文字背后的中华文化,是语文核心素养的又一重要表征。作者将这一指标表述为"文化理解",其内涵是指学生在语文学习中,积淀、继承、理解优秀语言文化的能力及品质。

(三)语文核心素养的结构关系

1. 语文核心素养的"一体"

"一体"是指"语言运用","语言运用"是语文核心素养的主体,也是整个语文核心素养结构系统的基础。"文学审美"和"文化理解"都是以学生的语言运用能力为基础,并在"语言运用"的形成过程中得以实现的。

语言是"文学审美"的客体,审美的对象正是言语作品。语言艺术的鉴赏、文学作品的评价、审美经验的表现都离不开语言。语言运用能力的形成和发展也促进了"文学审美"的发展,提高了"文学审美"的水平。

---

[1]张润林.现代初中语文核心素养培育和教学研究[J].文理导航(上旬),2020(11):15-16.

语言是"文化理解"的载体，学生是通过语言文字来了解民族文化的，在语言文字的学习过程中形成文化的积淀，也是通过语言文字来表达对民族文化的理解和认同的，学生语言运用能力的发展能够促进"文化理解"的形成和发展。

2. 语文核心素养的"两翼"

"两翼"是指"文学审美"和"文化理解"，这是建立在"语言运用"素养的基础之上的，同时也促进了"语言运用"这一素养的发展和提升。

"文学审美"这一素养，通过鉴赏、评价、表现文学作品的美，提升学生的语言表现力和语言感受力，能够激发学生对语言艺术的热爱，在语言实践中积累好的语言材料，建构语言审美经验，运用优美的语言文字进行沟通与交流，促进"语言运用"的形成和发展。

"文化理解"这一素养，通过积淀、继承、理解优秀的中华文化，能够增进学生对语言文字的理解，丰富语言文字学习的情趣，能够激发学生对语言文字的热爱，在语言实践中，丰厚的文化积淀，可以改善学生的语言面貌，使学生在沟通与交流中更加自如。"文学审美"与"文化理解"两者之间也是相互促进的关系，学生审美水平的提高，能够增进对优秀文化的理解和认同；学生有一定的文化积淀，也能够丰富审美体验。二者是相互促进，和谐发展的。"语言运用"与"文学审美""文化理解"是语文核心素养的"一体"和"两翼"，三个要素相辅相成，共同发展。

三、语文核心素养的现实导向

（一）基于语文核心素养的课程标准

课程标准是确定学校教育一定学段的课程水准、课程结构与课程模式的纲领性文件。国家课程标准是教材编写、教学、评估和考试命题的依据，是国家管理和评价课程的基础。基于语文核心素养的普通高中语文课程标准正在研制之中，课程标准的研制有助于落实语文核心素养教育，深化语文课程改革。课程标准的制定是语文核心素养得以落实的第一步，也是最为关键的一步，有了它，以语文核心素养为目标的语文教育就有了方向。

1. 语文核心素养要融入课程标准

语文核心素养是一个桥梁，还要将其转化为内容标准，才能便于后续的教材编订、课堂教学和评价改革。

我国现有的语文课程标准是属于内容标准的,编排的体例遵循了语文学科体系的逻辑。现行语文课程标准包括四个部分:一是前言,指出课程性质、基本理念以及设计思路;二是课程目标与内容,描述教学所要达到的目标,规定学生应掌握的知识和技能;三是实施建议,是为保证受教育者的学习质量提供的教育经验;四是附录,提供了一些背诵篇目、语法修辞知识要点、字表等内容。

在语文课程标准中贯彻语文核心素养的要求,除了要在课程基本理念和总目标中体现语文核心素养,具体化的教学目标也一定要体现语文核心素养。语文学科需要根据每个学段语文核心素养的内容规定与目标要求,结合学生身心的特点,明确该学段实现语文核心素养的客观目标。最为重要的一点,内容标准是学生核心素养形成的保证,要从语文核心素养出发去审视、判断目前的内容标准是否与语文核心素养匹配,对不匹配的进行删改调整、重新确定并组织语文学科的内容标准,以确保内容标准能够聚焦语文核心素养。在教学建议部分,要依据语文核心素养培养目标,结合语文学科内容提出有针对性的教学建议,只有教学建议清晰明确,才能为语文教学的实施提供有效的参考依据,才能将语文核心素养落实到语文教学中。

2. 语文课程标准的编排方式要适切

梳理好内容标准后,要结合具体内容和实际情况,选择适合语文学科的课程标准的编排方式。课程标准的编排方式有纵向编排和横向编排两种方式。纵向编排要将语文核心素养细化到每个学段,每个学段都要设置学习要求。横向编排就是根据语文核心素养的指标,描述出其不同水平的表征,或描述其成就标准。纵向编排方式对学科内容组织的逻辑性要求是较高的,语文学科的教学内容具有连续性的特征,例如不同学段对写作的要求是不一样的,1~2年级是写话、3~6年级是习作、7~9年级是写作,可以连续聚焦,这样在选择编排方式时灵活性较强,可以选择纵向编排的方式也可以选择横向编排的方式。可以在现有语文课程内容设置的基础上,结合实际情况选择编排方式,基于语文核心素养,为内容标准制定不同级别的表现水平,还可以结合案例,为一线教师提供参考。

3. 语文学业质量标准的制定要科学

本轮课程改革，特别是普通高中课程标准的修订有两个突出特色：一是将学生发展核心素养融入新的课程标准中；二是将学业质量标准融入新的课程标准，而且学业质量标准的制定是基于学生核心素养的构建的，所以语文学科的课程标准要配有科学的语文学业质量标准[①]。

"质量标准，即描述经历一段时间的教育之后学生在知识技能、继续受教育的基本准备以及适应未来社会等方面的能力上需要达到的基本水平。"学业质量标准是语文核心素养在学业上的具体体现，将语文核心素养所提出的品格与能力与语文课程所提供的知识内容相结合，既可以指导语文教师的课堂教学，又可以指导语文教育评价的改革，它是语文核心素养落实到语文学科、融入语文课程标准、用以指导考试评价的桥梁。

现行的语文课程标准主要对学什么、学多少描述得很详细，但对学到什么程度的要求并不具体，很难进行量化、分级。在课程标准中设置与课程内容标准相对应的学业质量标准，首先要有具体的能力表现标准，才能将学习内容的要求和质量要求有机地结合起来。对于学生接受相应学段的语文教育后能达成什么样的学习结果，要有大量的实证研究，这样才能制定学业质量标准，反过来还能评定每一项内容标准是否合理，有助于提升内容标准设置的科学性，进而检验语文核心素养的合理性。而这正是我们目前的研究所缺乏的，需要组建专业的测评团队，提升测评的科学性，加大研究力度来补足。

语文学科要基于语文核心素养进行教育改革，首先要将语文核心素养融入课程标准，并据此编订教材，改进课堂教学，指导考试评价，渗透到各个环节中去，进而让上层的理论能够落地有声，真正实现其育人价值。

（二）基于语文核心素养的教材编订

1. 教材对培养语文核心素养的作用

语文教育目标出现了新的变化，必然要求语文教材随之而变，提出培养学生的语文核心素养，那么教材要怎样为培养学生的语文核心素养服务呢？

[①] 夏月梅. 初中语文核心素养的语言文字教学分析[J]. 课外语文, 2022（09）：107-109.

就教材的功能而言，目前有三种观点：第一，知识观，即教材是以呈现知识作为主体的，教材是连接教师的教与学生的学的工具。第二，智慧观，即教材是教学所使用的材料，所承载的知识和技能是达成教育目标的一种途径或手段。第三，超越知识观，即学生使用教材，不仅要吸收知识本身，更重要的是形成相应的本领和态度。语文核心素养要求学生形成必备品格与关键能力，显然第三种功能更符合语文核心素养本质。语文教材的编者要深入研究语文核心素养和教材编写的关系，选取适当种类和难度的语文知识、厘定必需的语文技能，设定情境将知识和技能的教学蕴含在其中，形成相应的能力和态度，来促进语文核心素养的达成。语文教材不仅仅是语文教学的工具，更是培养语文核心素养的载体。

就教材的价值而言，发展学生语文核心素养的教材具有个人价值和社会价值。因为语文核心素养本身就是个人价值和社会价值的统一，语文核心素养能够促使个体健全发展，从而更好地适应未来社会，各个学科核心素养共同作用，能够促进社会的良好运行，所以以语文核心素养为教育目标的语文教材，也应该是个人价值与社会价值的统一。

就语文学科而言，语文教材要具有社会价值。随着社会经济、科技、文化、价值观的发展，语文教材作为内容的载体，要及时更新体现社会价值的内容。如"语言运用"这一素养，在网络时代的大背景下，新媒体行业快速发展，学生语言的积累、建构、运用都有了许多新的途径，这些与时俱进的内容都可以在语文教材中得以甄选、更新，促进语文核心素养的达成。对于学生来讲，编订语文教材的目的就是为了促进学生的发展，"语言运用""文学审美""文化理解"都是学生发展所必需的素养，语文教材必然要选择合宜的内容来促成由素养到课程内容的转变。

语文教材充分承载语文课程内容，是一线语文教师实现课程理念和教学设计的主要依据，所以在语文课程目标理念发生变化时，语文教材也需要相应地做出调整来适应这一变化，从而推动语文课程改革的发展。

2. 语文核心素养对编写模式的要求

在语文核心素养转化为语文教材时，语文核心素养的阶段性要求语文教材具有上下连贯性，这也正是一直存在于语文教材编写上的问题。

虽然教材编写由从前的"一纲一本""一标一本"变为"一标多本"，

语文教材的多样性得以推进，但语文教材主要还是采取了文选型编写模式，这一点一直没有多大改善。文选型教材的编写模式，不大符合学生语文核心素养形成和发展的规律。第一，每一单元课文的知识、技能、态度不够凸显，每一册的内容也难以成体系，更遑论各个学段之间的教学内容的纵向勾连了。针对"语言运用"这一素养来说，每个单元缺乏明确的培养目标，每一册也无从制定完整的培养计划，更没有系统的培养内容[①]。第二，教材内容本身就具有很大的不确定性，同一篇文章所处的位置具有随意性。第三，在这种模式下文体循环出现，使得语文教学内容重复出现，例如初中教师讲散文的文体特点，高中教师还要拿出来讲，这也是导致语文教学"少、慢、差、费"的原因之一。

语文教材的这种编写模式影响了语文教学的质量和效率，不利于语文能力和品格的养成，不利于语文核心素养培养的连贯化、整体化。要实现各个学段一脉相承的整合设计，基于语文核心素养进行教材改革，必须要解决这一问题。

（三）基于语文核心素养的课堂教学

1. 教师要更新语文教学观

语文教师是语文教学活动的直接参与者，站在了语文教育改革的一线，语文教师基于语文核心素养的教学观的形成，对语文核心素养的发展起着举足轻重的作用。

语文教师要对语文核心素养有一个正确的认识，能够认同理解核心素养的理念，这样才能在实践中更好地落实。语文教师对语文核心素养的认识可能存在三种误区，都要予以警惕：第一，看到"素养"一词，就将语文核心素养泛化，认为无论做什么事都可以冠上"发展语文核心素养"的帽子，为语文核心素养狂贴标签。第二，对语文核心素养认识出现错位，认为自己原来持有的某种片面的认识或采取的固定的教学方式就是发展语文核心素养，所以在教学理念和行为上没有任何改变。第三，框定语文核心素养的教学模式，这是一线教师最容易出现的问题，提出一个理念，就固化成模式。如新课标提倡的合作探究，导致学生上课成群结组，给些时间就讨论，提个问题就探究，不去关照这个问题是

[①]方飞.基于语文核心素养的初中议论文教学策略[J].安徽教育科研，2022（05）：36-37.

否值得探究，学生们的探究有没有效果，对学习结果有没有成效，应该如何予以指导和改进，而单单追求这一形式。前两种误区是不变，第三种误区是盲目变。

语文核心素养的培养要针对不同的教学目标和任务采取不同的教学方法，例如"语言运用"中，学生理解语言运用的规律，就需要以教师教授为主，而培养语言交流能力，就需要学生在语文活动中去练习。"文学审美"中，培养学生对文学作品的鉴赏能力，可以让学生小组讨论交流，尽情表达自己的看法，教师进行点拨。"文化理解"中，提高学生语言文化的积淀，教师可以运用多媒体，调动多种感官，予以熏陶滋养，组织形式丰富的语文活动等。教无定法，语文核心素养的培养没有固定的模式，要随着具体目标和任务的变化采用适宜的教学方法，时刻体现对学生语文核心素养的培育和关照，来促成学生语文核心素养量的积累和质的飞跃。

2. 学生要更新语文学习观

基于语文核心素养的学生的学习，不再仅仅局限于掌握教师传输的知识、训练教师指导的技能、接受教师传递的情感，而要重视知识、技能、态度的内化，转化为终身发展必备的语文能力和品格，生成语文核心素养。这就要求学生树立语文核心素养本位的学习观，那么这种学习观具有什么样的特征呢？

就学生的学习而言，语文核心素养整合了适应未来社会需要以及个人发展必备的与语文相关的能力与品格，能够在解决实际问题、面对具体情境时发挥作用。语文核心素养本位的学习观就是要指向这种能力与品格的发展，综合运用知识、技能、态度等资源，通过在实践中运用，进而养成恒久的稳定的个体素养。

基于语文核心素养的学习应该面向实际生活中的语文问题，而学生要在学习过程中拥有解决语文问题的意识。语文学习不应该是封闭的，而应该开放化，设定生活中的特定场景，这个场景存在于学习、工作和生活等情景中，比如"世界园艺博览会开幕了，里面有你家乡的展馆，呈现了家乡的特色，试做一段解说，介绍给前来参观的朋友"。由问题到解决，中间包含了学生发现问题、思考问题、探究问题的过程，着眼于学生的生活经验，布置他们感兴趣的任务，能够激发学生主动参与语文学习的意识。解决问题时调用语文知识、技能和态度，针对问题进行知识的建构和迁移，使学生涵育持久的稳定的语文能力和品格。教师在这种学习观中的角色主要是，构建适宜的问题情境、促成学生合作、指导学生探究，帮助学生形成语文核心素养本位的正确学习观。

课堂成为发展语文核心素养主阵地，让语文核心素养在课堂中得以贯彻落实是发展语文核心素养的关键。这就需要教师的教与学生的学共同配合，为语文核心素养而教，为语文核心素养而学，为语文核心素养而变。

（四）基于语文核心素养的评价机制

1. 语文核心素养是可测量的

学生在接受一定阶段的语文教育后，其核心素养的水平会存在一定的差异，语文核心素养应该具有一个可以量化的指标，定量测量的结果最终可以作为语文教育成果定性的依据。将语文核心素养划分为层级，对"语文运用""文学审美""文化理解"进行量化设计，制成学业质量标准，可作为语文核心素养评价的依据。虽然我国的考试制度备受质疑，但如果最终的评价指向最初的目标，评价的指标科学合理，那么对学习成果的考核和测量是无可厚非的。语文核心素养若是一个不可量化的性质描述，仅仅成为一个"高大上"的理念，悬置于语文课程之上，游离于评价机制之外，那么语文核心素养的提出将无任何意义。所以语文核心素养的评价也要以量化测量为主体，科学的量化指标是语文核心素养达成的保障。

2. 多元化立体式的评价方式

为了实现素质教育的培养宗旨，考试制度多次改革，即使这样，高考这一指挥棒效应依然没有消退。既然如此，我们何不利用这根指挥棒为语文核心素养服务呢？应试教育和素质教育本就不是一个问题的对立面，之所以人们批判应试教育，是因为这种评价方式侧重于知识、技能的掌握和熟练程度，而且一纸试卷论短长，评价结果不一定反应学生的实际水平。评价的方式能够引导学习的方向，指向学生语文核心素养的评价必然能够引导语文核心素养的培养。

"要想实现对学生的全面培养，基于学科核心素养的评价就必须从内容到形式实现转变，通过多元化、多形式的评价模式，切实改进评价机制，通过情景式、活动性等多样化的形式，实现对学生的学科综合评价。"语文核心素养的评价除了量化测量之外，还要采取多元化的过程性评价方式，涉及语文活动各个方面的立体式评价方式[①]。对于一些不容易测量的表现性目标，例如"文化理解"这一素养，通过几道题很难测出真实情况，那么可以对学生进行某一文化现象的态度调查问卷，来了解学生对于这一文化的态度；还可以通过学生在语文活动中的表现，来了解学生对于这一文化的理解。只有这样从多个维度对学生的语文核心素养进行描述，才能将评价与语文课程改革协调起来，共同推动语文核心素养的发展。

评价是学习的工具，发展学生的语文核心素养，就必须制定行之有效的评价机制，只有语文核心素养对学生的语文学习成果产生实质影响，才能引起语文教育相关人士的重视。

第二节 初中语文核心素养教育课程

一、初中语文核心素养教育课程目标

（一）知识与技能目标

1. 掌握基本的语言文字知识

学生需要掌握基本的汉字知识。汉字是中文的基本单位，学生需要学会认识和书写常用的汉字。这包括学习汉字的基本构造和笔画顺序，以及掌握一定数量的常用汉字的读音和意义。通过课堂教学和课外练习，学生可以逐渐熟悉和掌握这些汉字。学生需要学会正确使用汉字。在语文课程中，学生需要学习汉字的正确用法和搭配规则。这包括学习词语的正确拼写和用法，以及学习句子的正确组织和表达方式。通过课堂练习和写作训练，学生可以逐渐提高自己的汉字运用能力。学生还需要学会理解和运用语法知识。语法是语言的基本规则和结构，学生需要学习和掌握语法的基本概念和规则。这包括学习词类和句子成分的基本分类

[①]陈静媛. 浅谈阅读教学中语文核心素养的培养[J]. 中学课程辅导（教师通讯），2019（22）：79.

和功能，以及学习句子的基本结构和语序①。通过语法教学和语法练习，学生可以逐渐提高自己的语法运用能力。学生还需要学会理解和运用修辞手法。修辞手法是语言的艺术表达方式，学生需要学习和掌握修辞手法的基本概念和运用方法。这包括学习比喻、夸张、拟人等常见的修辞手法，以及学习如何在写作中运用修辞手法来增强表达效果。通过修辞手法的学习和实践，学生可以提高自己的写作能力和表达能力。学生还需要学会阅读和理解不同类型的文本。语文课程中，学生需要接触和阅读各种文学作品和非文学作品。学生需要学会理解和分析文本的内容和结构，以及学会从文本中获取信息和思考问题。通过阅读和分析文本的训练，学生可以提高自己的阅读理解能力和思维能力。

2. 熟练运用语言文字进行表达和交流

学生要掌握语言文字的基本知识和技能，这包括词汇的积累和运用、语法的掌握和运用、修辞手法的运用等。只有掌握了这些基本知识和技能，学生才能够准确地表达自己的思想和情感，使自己的语言文字更加丰富、准确、生动。学生要具备良好的语言文字表达能力，这包括口头表达和书面表达两个方面。口头表达是指学生能够用口头语言清晰、流利地表达自己的思想和情感，能够在交流中准确地表达自己的意思。书面表达是指学生能够用书面语言准确、流畅地表达自己的思想和情感，能够写出通顺、连贯、有逻辑的文章。通过口头表达和书面表达的训练，学生能够有效地进行交流和沟通，使自己的思想和情感得到传递和表达。学生要具备一定的思维能力和创新能力。语言文字是思维的工具，只有具备了良好的思维能力，学生才能够用语言文字准确地表达自己的思想和情感。同时，语言文字也是创新的源泉，只有具备了一定的创新能力，学生才能够用语言文字创造出新的表达方式和表达效果。通过培养学生的思维能力和创新能力，可以提高学生熟练运用语言文字进行表达和交流的能力。

熟练运用语言文字进行表达和交流，对学生的综合素质培养具有重要意义。语文是一门综合性的学科，它不仅仅是一门语言文字的学科，更是一门人文学科。通过学习语文，学生可以了解和感受到人类的思想、

---

①唐瑗霜. 基于核心素养的初中语文课程整合实施方法[J]. 新课程教学（电子版），2021（06）：11-12.

情感和文化，培养自己的人文素养和审美能力。同时，熟练运用语言文字进行表达和交流，也是学生综合素质的重要组成部分。只有具备了良好的语言文字表达能力，学生才能够在学习、工作和生活中更好地表达自己，更好地与他人进行交流和沟通。

3. 理解和运用各种文学作品

理解和运用各种文学作品包括诗歌、散文、小说等，是培养学生的文学素养和审美能力的重要内容。通过学习和欣赏各种文学作品，学生可以拓宽视野、提高语言表达能力、培养情感和思维的发展，同时也能够增强学生的人文关怀和社会责任感。

理解和运用各种文学作品可以帮助学生拓宽视野。文学作品是人类智慧的结晶，是人类对世界和生活的思考和表达。通过学习和欣赏各种文学作品，学生可以了解不同的文化背景、历史背景和社会背景，拓宽自己的知识面，增加对世界的认知。例如，通过阅读古代诗词，学生可以了解古代文人的情感和思想，了解古代社会的风俗习惯；通过阅读现代小说，学生可以了解当代社会的现象和问题，了解人们的内心世界和情感体验。

理解和运用各种文学作品可以提高学生的语言表达能力。文学作品是语言的艺术，通过学习和欣赏各种文学作品，学生可以学习到丰富的词汇和表达方式，提高自己的语言表达能力。例如，通过学习古代诗词，学生可以学习到古代文人的修辞手法和表达技巧，提高自己的写作水平；通过学习现代小说，学生可以学习到现代人物形象的刻画和情节的构建，提高自己的故事写作能力。

理解和运用各种文学作品可以培养学生的情感和思维的发展。文学作品是情感的表达和思维的启迪，通过学习和欣赏各种文学作品，学生可以感受到作品中的情感和思想，培养自己的情感和思维的发展。例如，通过阅读优秀的诗歌作品，学生可以感受到诗人的情感和思想，培养自己的情感表达能力和思维能力；通过阅读优秀的小说作品，学生可以感受到人物的情感和思想，培养自己的情感体验和思维能力[1]。

理解和运用各种文学作品可以增强学生的人文关怀和社会责任感。文学作品是人类对生活和社会的思考和表达，通过学习和欣赏各种文

---

[1] 胡立君. 基于核心素养的初中语文拓展课程研究[J]. 语文天地, 2021 (09)：77-78.

作品，学生可以感受到作品中的人文关怀和社会责任感，培养自己的人文关怀和社会责任感。例如，通过阅读揭示社会问题的小说作品，学生可以了解社会的不公和不平等，培养自己的社会责任感；通过阅读表达人类情感的诗歌作品，学生可以感受到人类的共同情感，培养自己的人文关怀。

4. 掌握阅读理解和写作技巧

初中语文课程目标中的掌握阅读理解和写作技巧，包括阅读理解题型的解题方法和写作的结构和技巧。

阅读理解是语文课程中的重要内容之一，通过阅读理解题目的解答，可以提高学生的阅读理解能力和思维能力。在初中语文课程中，常见的阅读理解题型包括主旨大意题、细节理解题、推理判断题、观点态度题等。主旨大意题要求学生从文章中抓住主题思想，概括文章的中心意思。解答这类题目时，可以采取以下方法：通读全文，了解文章的大致内容和主题。仔细阅读每一段落，找出每段的主题句或关键词。根据每段的主题句或关键词，概括出每段的主题。将每段的主题进行整合，得出全文的主旨大意。细节理解题要求学生从文章中找出具体的细节信息，回答问题。解答这类题目时，可以采取以下方法：通读全文，了解文章的大致内容和结构。仔细阅读每一段落，找出与问题相关的细节信息。根据问题的要求，找出与之相关的细节信息。将找到的细节信息进行整理，回答问题。推理判断题要求学生通过对文章的推理和判断，回答问题。解答这类题目时，可以采取以下方法：通读全文，了解文章的大致内容和结构。仔细阅读每一段落，找出与问题相关的信息。根据问题的要求，进行推理和判断。将推理和判断的结果进行整理，回答问题。观点态度题要求学生从文章中找出作者的观点和态度。解答这类题目时，可以采取以下方法：通读全文，了解文章的大致内容和结构。仔细阅读每一段落，找出作者的观点和态度。根据问题的要求，回答作者的观点和态度。将观点和态度的回答进行整理，回答问题。

写作是语文课程中的重要内容之一，通过写作的训练，可以提高学生的语言表达能力和思维能力。在初中语文课程中，常见的写作形式包括记叙文、说明文、议论文等。记叙文是通过叙述事件的发生过程，来表达作者的思想和感情。记叙文的结构一般包括开头、事件发展、高潮、结尾等部分。写记叙文时，可以采取以下技巧：开头要引人入胜，吸引读者的注意力。事件发展要有起承转合，合理安排事件的顺序。高潮要突出，使文章更加生动有趣。结尾要有总结性的语句，给读者留下深刻的印象。说明文是通过对事物的特点、原理、作用等进行解释和说明，来传达作者的观点和知识。说明文的结构一般包括引入、主体、总结等部分。写说明文时，可以采取以下技巧：引入要简洁明了，引起读者的兴趣。主体要逻辑清晰，按照一定的顺序进行说明。使用恰当的例子、数据等，增加文章的可信度。总结要简明扼要，概括文章的主要内容。议论文是通过对问题的分析和论证，来表达作者的观点和立场。议论文的结构一般包括引入、论证、反驳、总结等部分。写议论文时，可以采取以下技巧：引入要引起读者的兴趣，提出问题或引用相关的事实。论证要有理有据，使用恰当的例子、数据等进行支持。反驳要有针对性，对可能的反对意见进行回应。总结要简明扼要，概括文章的主要观点和结论。

（二）思维与创新目标

1. 培养批判性思维和创造性思维能力

批判性思维和创造性思维能力是初中语文课程目标中非常重要的一部分。通过培养学生对文学作品的分析和评价能力，可以帮助他们更好地理解和欣赏文学作品，提高他们的思维能力和创造力。

培养批判性思维能力可以帮助学生更深入地理解文学作品。批判性思维是指对事物进行深入思考和分析的能力。在语文课程中，学生需要学会对文学作品进行批判性思考，包括对作品的主题、情节、人物形象、语言运用等方面进行分析和评价。通过这样的思考和分析，学生可以更好地理解作品的内涵和艺术特点，提高对文学作品的感知和理解能力。培养创造性思维能力可以帮助学生更好地欣赏和创造文学作品。创造性思维是指能够独立思考和创造新的观点、想法和作品的能力。在语文课程中，学生需要通过阅读和学习文学作品，培养自己的创造性思维能力。他们可以通过模仿和改编已有的文学作品，创造出自己的作品，表达自己的思想和情感。同时，学生也需要学会对文学作品进行评价和批判，提出自己的见解和观点，培养自己独立思考和创造的能力。

对文学作品的分析和评价能力是培养批判性思维和创造性思维能力

的重要手段。通过对文学作品的分析和评价，学生可以锻炼自己的思维能力和创造力。他们需要学会观察和分析作品的细节，理解作品的结构和意义，从而对作品进行评价和批判。同时，学生也需要学会表达自己的观点和见解，通过写作和演讲等方式，将自己的思想和感受传达给他人。通过这样的实践，学生可以提高自己的表达能力和思维能力，培养批判性思维和创造性思维能力。

2. 培养学生的观察力、思考力和解决问题的能力

初中语文课程目标中的培养学生的观察力、思考力和解决问题的能力，包括对文本的理解和解读能力，是为了帮助学生全面发展，提高他们的综合素质和学习能力。

观察力是指学生对周围事物和现象进行细致、全面的观察和分析的能力。观察力的培养可以通过多种途径实现[1]。例如，在语文课堂上，教师可以引导学生观察文本中的细节，如人物形象、环境描写、情感表达等，通过观察这些细节，学生可以更好地理解和解读文本。此外，教师还可以组织学生进行实地观察活动，如参观博物馆、考察社区等，通过亲身体验和观察，培养学生对事物的敏感性和洞察力。

思考力是指学生对问题进行深入思考和分析的能力。思考力的培养需要教师提供合适的问题和情境，引导学生进行思考和探索。在语文课堂上，教师可以提出一些开放性的问题，鼓励学生进行思考和讨论。例如，教师可以提问："为什么作者选择这样的描写方式？""你认为这个故事的主题是什么？"通过这样的问题，学生可以深入思考文本背后的意义和作者的用意。此外，教师还可以组织学生进行小组讨论和辩论活动，培养学生的思辨能力和逻辑思维能力。

解决问题的能力是指学生在面对困难和挑战时，能够主动思考和寻找解决办法的能力。解决问题的能力的培养可以通过情境教学和案例分析等方式实现。在语文课堂上，教师可以设计一些情境，让学生在其中扮演角色，面对问题并寻找解决办法。例如，教师可以给学生一个与文本相关的问题，让学生通过分析和推理找到答案。此外，教师还可以引导学生分析文本中的矛盾和难点，帮助他们找到解决问题的方法和途径。

对文本的理解和解读能力是初中语文课程中的重要目标之一。这一

---

[1]刘海婴. 语文核心素养与语文课程的特质研究[J]. 课外语文，2020（06）：88+90.

能力的培养需要教师注重培养学生的阅读能力和文学素养。在语文课堂上，教师可以通过多种方式提高学生的阅读能力，如朗读、默读、速读等。同时，教师还可以引导学生学习文学常识和文学批评方法，帮助他们更好地理解和解读文本。此外，教师还可以组织学生进行文本分析和写作活动，培养学生对文本的深入理解和独立思考能力。

3. 培养学生的创新意识和创新能力

创新意识是指学生在学习和生活中，能够主动思考、勇于尝试新事物、敢于提出新观点和新思路的意识和能力。在初中语文课程中，培养学生的创新意识是非常重要的，因为语文学科本身就是一个注重思考和表达的学科，只有具备创新意识的学生才能在语文学习中获得更好的发展。培养学生的创新意识需要从教学内容的选择和设计上下功夫。语文教学应该注重培养学生的思辨能力和创造力，而不仅仅是传授知识。教师可以选择一些具有启发性和探索性的教材和教学资源，引导学生进行思考和探索，激发他们的创新意识。同时，教师还可以设计一些开放性的问题和任务，让学生自主思考和解决问题，培养他们的创新思维和创新能力。培养学生的创新意识还需要注重培养学生的观察力和思维能力。观察力是创新的基础，只有通过观察，学生才能发现问题和需求，从而提出创新的解决方案。在语文课堂中，教师可以通过让学生观察和分析文本中的细节和情节，培养他们的观察力。同时，教师还可以引导学生进行思维训练，如逻辑思维、批判性思维等，提高学生的思维能力和创新能力。培养学生的创新意识还需要注重培养学生的实践能力和团队合作能力。创新不仅仅是思考和想象，更需要付诸实践。在语文课堂中，教师可以设计一些实践性的活动和任务，让学生动手实践，培养他们的实践能力和创新能力。同时，教师还可以组织学生进行团队合作，让他们在合作中相互启发和促进，培养他们的团队合作能力和创新能力。

创新能力是指学生在学习和生活中，能够独立思考、独立解决问题、独立创造的能力。在初中语文课程中，培养学生的创新能力是非常重要的，因为创新能力是学生终身发展的关键能力之一。培养学生的创新能力需要注重培养学生的思维能力和解决问题的能力。在语文课堂中，教师可以通过让学生进行思维训练和解决问题的活动，培养他们的思维能力和解决问题的能力。例如，教师可以设计一些开放性的问题，让学生进行思考和讨论，激发他们的创新思维和解决问题的能力。培养学生的创新能力还需要注重培养学生的表达能力和创造力。语文学科是一个注重表达和交流的学科，只有具备良好的表达能力和创造力的学生才能在语文学习中获得更好的发展。在语文课堂中，教师可以通过让学生进行写作和演讲等活动，培养他们的表达能力和创造力。同时，教师还可以引导学生进行创作活动，如写作、绘画等，激发他们的创造力和创新能力。培养学生的创新能力还需要注重培养学生的自主学习能力和自我管理能力。创新是一种主动的行为，只有具备自主学习能力和自我管理能力的学生才能在学习和生活中主动创新。在语文课堂中，教师可以通过让学生进行自主学习和自我管理的活动，培养他们的自主学习能力和自我管理能力。例如，教师可以引导学生进行自主阅读和自主写作，让他们在自主学习中发现问题和解决问题，培养他们的创新能力。

4. 培养学生的批判性阅读和写作能力

批判性阅读是指学生在阅读过程中能够对文本进行深入思考和分析，不仅仅是理解文本表面的意思，更要能够理解文本背后的含义和作者的意图。通过批判性阅读，学生可以培养自己的思辨能力，提高自己的逻辑思维和分析问题的能力。同时，批判性阅读还可以帮助学生培养对信息的辨别能力，提高对信息的理解和运用能力。

写作能力是指学生能够运用语言表达自己的思想和观点，并能够通过写作来表达自己的情感和体验。通过写作，学生可以提高自己的语言表达能力，培养自己的逻辑思维和创造性思维。写作还可以帮助学生整理思绪，提高自己的思考能力和表达能力。

对文本的分析和评价能力是批判性阅读和写作能力的重要组成部分。学生需要通过对文本的分析，理解文本的结构和内容，把握文本的主题和中心思想。同时，学生还需要对文本进行评价，判断文本的优点和不足，提出自己的观点和意见。通过对文本的分析和评价，学生可以培养自己的批判性思维和创造性思维，提高自己的思考能力和表达能力。

（三）情感与价值目标

1. 培养学生的审美情趣和文学鉴赏能力

审美情趣是指个体对美的感知、欣赏和评价能力。在初中语文课程中，培养学生的审美情趣是非常重要的一项目标。通过学习文学作品，学生可以感受到文学的美，培养对美的敏感性和欣赏能力。学生需要通过学习文学作品来感受美的存在。文学作品是艺术的一种表现形式，其中蕴含着丰富的情感和思想。通过阅读文学作品，学生可以感受到作者对人生、社会和自然的独特见解，感受到作者对美的追求和表达。学生需要学会欣赏美。欣赏美是指通过感知和理解，对美的特点和价值进行评价和赏析。在初中语文课程中，学生需要学会欣赏文学作品中的美。例如，学生可以通过分析作品的情节、人物形象、语言运用等方面，来欣赏作品中的美。通过欣赏美，学生可以提高对美的理解和感知能力，培养审美情趣。学生需要学会表达对美的评价。评价是对美的认识和判断，是对美的价值进行表达和传递。在初中语文课程中，学生需要学会对文学作品进行评价。通过分析作品的优点和不足，学生可以形成自己的评价观点，并能够用适当的语言表达出来。通过评价，学生可以提高对美的鉴赏能力，培养审美情趣。

文学鉴赏能力是指个体对文学作品进行深入理解和评价的能力。在初中语文课程中，培养学生的文学鉴赏能力是非常重要的一项目标。通过学习文学作品，学生可以提高对文学作品的理解和评价能力。学生需要学会深入理解文学作品。文学作品是一种复杂的艺术形式，其中蕴含着丰富的情感和思想。学生需要通过分析作品的情节、人物形象、语言运用等方面，来深入理解作品的内涵和意义。学生需要学会评价文学作品。评价是对文学作品进行价值判断和评价的过程。在初中语文课程中，学生需要学会对文学作品进行评价。通过分析作品的优点和不足，学生可以形成自己的评价观点，并能够用适当的语言表达出来。学生需要学会运用文学知识进行文学鉴赏。文学鉴赏需要一定的文学知识作为基础。在初中语文课程中，学生需要学习文学知识，包括文学常识、文学史、文学流派等方面的知识。通过学习文学知识，学生可以更好地理解和鉴赏文学作品。

2. 培养学生的情感表达和情感体验能力

情感表达和情感体验是语文教育中非常重要的一部分，它不仅能够培养学生的情感表达能力，还能够提高学生的情商和情绪管理能力。通过对文学作品中情感的理解和表达，学生能够更好地理解和感受文学作品中的情感，进而提高自己的情感表达能力。培养学生对文学作品中情感的理解能力是非常重要的。文学作品是情感的载体，通过阅读文学作品，学生能够感受到作品中所表达的情感，进而理解作品的内涵和意义。例如，在阅读一篇描写春天的诗歌时，学生可以通过诗中的描写和意象感受到作者对春天的喜爱和赞美之情，从而理解诗歌中所表达的情感。通过对文学作品中情感的理解，学生能够培养自己的情感表达能力。通过写作、朗读等方式，学生可以将自己对文学作品中情感的理解进行表达。例如，在阅读一篇描写秋天的散文时，学生可以通过写作的方式，表达自己对秋天的喜爱和感受。通过情感的表达，学生能够更好地理解和感受文学作品中的情感，同时也能够提高自己的写作能力和表达能力。情感体验是指学生通过阅读文学作品，感受其中的情感，进而提高自己的情感体验能力。通过情感体验，学生能够更好地理解和感受文学作品中的情感，同时也能够提高自己的情感表达能力。例如，在阅读一篇描写友情的小说时，学生可以通过小说中人物之间的互助和支持，感受到友情的珍贵和重要性，从而提高自己对友情的理解和体验。

3. 培养学生的价值观和人生观

语文课程在初中阶段的教学中，不仅仅是传授语言知识和技能，更重要的是培养学生的价值观和人生观。通过文学作品的阅读和思考，学生可以感受到人文关怀和社会责任感，从而形成正确的价值观和人生观。通过文学作品的阅读，学生可以感受到人文关怀。文学作品是人类智慧的结晶，是对人性、社会和生活的深刻思考和表达。通过阅读文学作品，学生可以感受到作家对人性的关怀和对人类命运的思考。学生可以从中感受到人性的复杂性和多样性，培养出对他人的理解和关怀之心。同时，通过阅读文学作品，学生还可以感受到作家对社会问题的关注和思考。

通过文学作品的阅读，学生可以培养社会责任感。文学作品中的人物形象和情节往往反映了社会的现实和问题。通过阅读文学作品，学生可以感受到人物的命运和处境，从而引发对社会问题的思考和关注。学生可以从中感受到知识分子的困境和社会问题的复杂性，培养出对社会问题的责任感和改变之心。通过阅读文学作品，学生还可以感受到作家对社会问题的批判和呼吁。学生可以从中感受到社会问题的严重性和对社会变革的渴望之情，培养出对社会问题的关注和改变之心。

4. 培养学生的自信心和自我认同感

语文学习可以帮助学生发展自信心。语文学习是一个全面的过程，包括阅读、写作、听说等多个方面。在学习过程中，学生需要通过不断地阅读和写作来提高自己的语言表达能力。当学生能够流利地阅读和理解各种文本，并能够用准确、清晰的语言表达自己的思想时，他们会感到自己的能力得到了提升，从而增强了自信心。语文学习可以帮助学生建立自我认同感。语文学习不仅仅是学习语言知识，更是学习文化、历史、人生哲理等方面的知识。通过学习文学作品、历史故事等，学生可以了解到不同的文化背景和人生经验，从而形成自己的价值观和人生观。当学生能够理解并接受这些不同的观点和价值观时，他们会感到自己与社会和文化的联系更加紧密，从而建立起自己的自我认同感。语文学习还可以帮助学生提升自我价值感。语文学习是一个积累知识和提高能力的过程。通过不断地学习和实践，学生可以逐渐提高自己的语言表达能力和思维能力。当学生能够用准确、生动的语言表达自己的思想，并能够独立地进行思考和分析时，他们会感到自己的价值得到了认可和肯定，从而提升了自我价值感。语文学习还可以帮助学生提升自我肯定感。语文学习是一个不断进步和提高的过程。在学习过程中，学生会遇到各种困难和挑战，需要不断地克服困难和提高自己的能力。当学生能够克服困难并取得进步时，他们会感到自己的努力得到了回报，从而增强了自我肯定感。

（四）文化与社会目标

1. 培养学生的文化素养和文化自觉

培养学生对中华传统文化的了解和认同。中华传统文化是中华民族的瑰宝，是我们民族的根基和灵魂。通过语文课程的学习，学生可以了解到中国古代文化的博大精深，如诗词、文言文、古代文化经典等。通过学习这些内容，学生可以感受到中华传统文化的深厚底蕴，培养对中华传统文化的认同感。同时，学生还可以通过学习中华传统文化中的道德伦理观念，如孝道、忠诚、诚信等，培养自己的道德情操，提高自己的人文素养。在当今社会，世界各国的文化交流日益频繁，了解和认同世界文化对于学生的综合素质提高具有重要意义。通过语文课程的学习，学生可以了解到世界各国的文化特点、文学作品、历史背景等。通过学习这些内容，学生可以拓宽自己的视野，增长自己的知识面，培养对世界文化的了解和认同。同时，学生还可以通过学习世界文化中的人文精神，如人权、平等、多元文化等，培养自己的国际视野，提高自己的跨文化交流能力。培养学生的文化素养和文化自觉还可以通过培养学生的审美能力来实现。语文课程中，学生可以通过欣赏文学作品、观赏艺术品等方式，培养自己的审美情趣。通过学习和欣赏优秀的文学作品，学生可以提高自己的文学鉴赏能力，培养自己的审美情趣。同时，学生还可以通过学习和欣赏艺术品，如音乐、绘画、雕塑等，培养自己的艺术鉴赏能力，提高自己的审美水平。通过培养学生的审美能力，可以让学生更好地理解和欣赏中华传统文化和世界文化，增强对文化的自觉性和自豪感。培养学生的文化素养和文化自觉还需要通过实践活动来实现。语文课程中，可以组织学生参观文化遗址、博物馆等，参加文化艺术活动，如戏剧表演、音乐会等，让学生亲身感受和体验文化的魅力。通过实践活动，学生可以更加深入地了解和认同中华传统文化和世界文化，增强对文化的自觉性和自豪感。

2. 培养学生的社会责任感和公民意识

语文学习可以培养学生的社会责任感。语文学习是培养学生思维能力和情感态度的重要途径，通过语文学习，学生可以了解到社会的多样性和复杂性，学会关注社会问题，培养对社会的责任感。比如，在语文课堂上，可以通过阅读相关的文章、新闻报道等，引导学生关注社会问题，如环境污染、贫困地区的教育问题等，让学生思考如何为解决这些问题做出自己的贡献。同时，语文学习还可以通过让学生参与社会实践活动，如社区服务、环保活动等，让学生亲身体验社会问题，增强他们的社会责任感。

语文学习可以培养学生的公民意识。公民意识是指个体对自己作为公民的身份和权利的认同和意识。通过语文学习，可以培养学生对公民权利和义务的认识和理解，提高他们的公民素质。比如，在语文课堂上，可以通过学习相关的法律法规、公民道德等内容，让学生了解自己的权利和义务，学会尊重他人的权利，培养公民意识。同时，语文学习还可以通过让学生参与活动，如模拟法庭、辩论赛等，让学生亲身体验公民参与的过程，增强他们的公民意识。通过语文学习，可以培养学生的批判思维和创新能力，让他们学会独立思考和表达自己的观点。比如，在语文课堂上，可以通过让学生进行辩论、写作等活动，培养他们的批判思维和创新能力，让他们学会关注社会问题，提出自己的解决方案。同时，语文学习还可以通过让学生进行社会调查、写作报告等活动，让学生了解社会问题出现的原因，培养他们的社会责任感并提高他们的公民素质。

3. 培养学生的跨文化交流和合作能力

通过语文学习，可以培养学生的跨文化交流能力。语文学习是学生了解和掌握自己民族文化的重要途径，同时也是学生了解和接触其他文化的窗口。在语文课堂上，教师可以通过讲解文学作品中的文化背景、风俗习惯等内容，引导学生了解和理解其他文化。同时，教师还可以组织学生进行文化交流活动，例如学生可以选择一个国家或地区的文化进行深入研究，并与其他同学分享自己的研究成果。通过这样的学习方式，学生可以增加对其他文化的了解，培养跨文化交流的能力。

通过语文学习，可以培养学生的跨文化合作能力。在现代社会中，跨文化合作已经成为了一种趋势。在语文课堂上，教师可以组织学生进行小组合作活动，例如学生可以分成不同的小组，每个小组代表一个国家或地区，通过合作完成一项任务。在这个过程中，学生需要相互协作、相互理解，才能够顺利完成任务。通过这样的合作活动，学生可以培养团队合作的能力，提高跨文化合作的能力。

语文学习还可以通过开展跨文化交流和合作的实践活动，进一步培养学生的能力。例如，学校可以组织学生参加国际交流活动，与其他国家的学生进行交流和合作。这样的实践活动可以让学生亲身体验不同文化之间的差异和共同点，增加对其他文化的理解和尊重，培养跨文化交流和合作的能力。

4. 培养学生的信息素养和媒体素养

信息素养是指个体在信息时代中获取、评估、组织、使用和创建信息的能力。媒体素养是指个体在媒体环境中获取、理解、评估和使用媒体信息的能力。在当今信息爆炸的时代，培养学生的信息素养和媒体素养已经成为教育的重要任务之一。而语文作为一门综合性的学科，可以通过语文学习来培养学生的信息获取和处理能力。

语文课程可以通过阅读教学来培养学生的信息获取能力。阅读是获取信息的重要途径之一，通过阅读不同类型的文本，学生可以获取到各种各样的信息。语文课程可以引导学生阅读各种文学作品、报刊杂志、科普读物等，让学生从中获取到丰富的信息。同时，语文课程还可以教授学生阅读的方法和技巧，如快速阅读、批判性阅读等，帮助学生更加高效地获取信息。语文课程可以通过写作教学来培养学生的信息处理能力。写作是对信息进行加工和整理的过程，通过写作，学生可以将获取到的信息进行整理、分析和总结。语文课程可以引导学生进行各种写作活动，如写作文、写读书笔记、写读后感等，让学生通过写作来处理和表达自己获取到的信息。同时，语文课程还可以教授学生写作的技巧和方法，如逻辑思维、组织结构等，帮助学生更好地处理信息。语文课程还可以通过讨论和演讲等活动来培养学生的信息处理能力。讨论是学生交流和分享信息的重要方式之一，通过讨论，学生可以从不同的角度和观点来理解和分析问题。语文课程可以组织学生进行小组讨论、辩论赛等活动，让学生通过讨论来处理和分析信息。同时，语文课程还可以组织学生进行演讲比赛、朗诵比赛等活动，让学生通过演讲来表达和传递信息。语文课程还可以通过媒体素养教育来培养学生对媒体信息的理解和评估能力。媒体是信息传播的重要渠道之一，学生需要学会理解和评估媒体信息的真实性和可靠性。语文课程可以教授学生媒体素养的相关知识和技能，如媒体语言的解读、媒体信息的辨析等，帮助学生更好地理解和评估媒体信息。

二、初中语文核心素养教育课程内容

（一）语言文字积累与梳理

通过大量的阅读，积累各种类型的语言文字。可以选择一些经典的文学作品、报刊杂志、科普读物等进行阅读，同时也可以阅读一些优秀的作文、诗歌等。通过阅读，学生可以接触到各种不同的语言风格和表达方式，提高自己的语言表达能力。通过写作，积累各种类型的语言文字。可以选择一些常见的写作题目，如记叙文、说明文、议论文等，进行写作练习。在写作过程中，可以积累一些常用的词汇、短语和句型，提高自己的写作水平。在语文课堂上，教师可以引导学生通过课文的学习，积累一些优美的诗句、句子和段落。同时，教师还可以组织一些语言文字的游戏和活动，激发学生的学习兴趣，提高学生的语言文字积累能力。

对于一些常用的词语，可以进行梳理和分类。可以根据词语的意义、用法和形式等方面进行分类，帮助学生厘清词语之间的关系。同时，还可以梳理一些近义词、反义词和词语的派生形式，帮助学生扩大词汇量，提高词语的运用能力。对于一些常用的句子，可以进行梳理和分析。可以分析句子的结构、成分和功能等方面，帮助学生理解句子的意义和用法。同时，还可以梳理一些常用的句型和句式，帮助学生提高表达能力。对于一些常见的文章类型，可以进行梳理和分析。可以分析文章的结构、段落和篇章等方面，帮助学生理解文章的整体结构和逻辑关系。同时，还可以梳理一些常用的修辞手法和表达方式，帮助学生提高文章的写作能力。

通过积累和梳理语言文字，可以丰富学生的词汇量，提高学生的词语运用能力。同时，还可以提高学生的句子表达能力和文章写作能力，使学生能够准确、流畅地表达自己的思想和观点。通过积累和梳理语言文字，可以提高学生的阅读理解能力。学生在阅读过程中，可以通过对语言文字的积累和梳理，理解文章的意义和用法，提高自己的阅读理解能力。通过积累和梳理语言文字，可以提高学生的写作能力。学生在写作过程中，可以通过对语言文字的积累和梳理，选择合适的词语、句子和表达方式，提高自己的写作水平。通过积累和梳理语言文字，可以培养学生的语感和审美能力。学生在积累和梳理语言文字的过程中，可以感受到语言的美感和韵律，提高自己的语言审美能力。

（二）实用性阅读与交流

随着社会的发展和教育的改革，语文教育也在不断变革和创新。传统的语文教育注重对文学作品的阅读和欣赏，而现代语文教育则更加注重培养学生的实用性阅读与交流能力。实用性阅读与交流是指学生通过阅读各种实用性文本，如新闻报道、科普文章、说明书等，获取信息并进行有效的交流和表达。这种教育方式的出现，旨在培养学生的实际应用能力，使他们能够在现实生活中运用所学知识解决问题，提高语文素养。

实用性阅读与交流能够帮助学生获取实际知识。在传统的语文教育中，学生主要接触的是文学作品，这些作品虽然能够培养学生的审美情趣和文学素养，但对于实际生活中的问题解决并没有太大帮助。而实用性阅读与交流则注重学生获取实际知识，使他们能够了解社会、了解世界，掌握实际应用的技能。比如，学生通过阅读新闻报道可以了解时事动态，通过阅读科普文章可以了解科学知识，通过阅读说明书可以学会使用各种产品。这些实际知识对学生的成长和发展具有重要意义。实用性阅读与交流能够提高学生的语言表达能力。在实用性阅读与交流中，学生需要通过口头或书面的方式表达自己的观点和想法。这种交流方式要求学生具备较强的语言表达能力，能够准确、清晰地表达自己的意思。通过实用性阅读与交流的训练，学生的语言表达能力得到了锻炼和提高，他们能够更加自信地与他人交流，更加准确地表达自己的观点。这对学生综合素质的提高和未来的发展都具有重要意义。

实用性阅读与交流能够培养学生的批判思维能力。在实用性阅读与交流中，学生需要对所读的文本进行分析和评价，提出自己的看法和观点。这要求学生具备批判思维的能力，能够客观地分析问题，理性地评价事物。通过实用性阅读与交流的训练，学生的批判思维能力得到了培养和提高，他们能够更加理性地看待问题，更加客观地评价事物。这对学生的思维能力和创新能力的培养具有重要意义。实用性阅读与交流能够提高学生的实际应用能力。在实用性阅读与交流中，学生需要将所学知识应用到实际生活中，解决实际问题。这要求学生具备实际应用的能力，能够将所学知识灵活运用，解决实际问题。通过实用性阅读与交流的训练，学生的实际应用能力得到了提高，他们能够更加熟练地运用所学知识解决实际问题，提高自己的实际应用能力。这对学生综合素质的提高和未来的发展都具有重要意义。

（三）文学阅读与创意表达

通过文学阅读，学生可以接触到各种文学作品，了解不同的文化背景和思想观念，培养审美情趣和文学素养；通过创意表达，学生可以发挥自己的想象力和创造力，表达自己的思想和情感，提高语言表达能力和思维能力。

文学阅读是培养学生审美情趣和文学素养的重要途径。通过阅读文学作品，学生可以感受到作品中的美感和情感，培养自己的审美能力。同时，文学作品也是人类思想和文化的重要载体，通过阅读文学作品，学生可以了解不同的文化背景和思想观念，拓宽自己的视野。在文学阅读中，学生应该注重对作品的理解和品味。学生应该通过阅读理解作品的内容和情节，把握作品的主题和思想。学生应该通过品味作品的语言和形式，欣赏作品的艺术价值。学生应该通过对作品的思考和讨论，深化对作品的理解和感悟。在文学阅读中，学生应该注重培养自己的阅读兴趣和习惯。学生应该选择适合自己的文学作品进行阅读，根据自己的兴趣和阅读水平选择合适的作品。学生应该养成每天阅读的习惯，坚持阅读，提高阅读能力。学生应该积极参加文学阅读活动，如读书分享会、文学讲座等，与他人交流阅读体验，拓宽自己的阅读视野。

创意表达是培养学生想象力和创造力的重要途径。通过创意表达，学生可以发挥自己的想象力和创造力，表达自己的思想和情感，提高语言表达能力和思维能力。在创意表达中，学生可以通过写作、绘画、演讲等方式进行表达。学生可以通过写作表达自己的思想和情感。他们可以写日记、写作文、写小说等，通过文字表达自己的内心世界。学生可以通过绘画表达自己的想象和感受。他们可以画画、设计海报、制作手工等，通过图像表达自己的创意。学生可以通过演讲表达自己的观点和主张。他们可以参加演讲比赛、班会发言等，通过口语表达自己的思想。在创意表达中，学生应该注重培养自己的创造力和表达能力。学生应该培养自己的想象力，通过观察和思考，激发自己的创造力。学生应该提高自己的表达能力，通过词汇积累和语言训练，提高自己的语言表达能力。学生应该勇于表达自己的观点和主张，培养自信心和表达能力。

（四）思辨性阅读与交流

思辨性阅读与交流是初中语文核心素养教育课程中的重要内容之一。它旨在培养学生的思辨能力和交流能力，使他们能够独立思考、理性判断和有效沟通。

思辨性阅读是指学生在阅读过程中能够主动思考、分析和评价文本的能力。这种阅读方式要求学生不仅要理解文本表面的意思，还要深入思考其中的逻辑关系、作者的观点和立场等。在进行思辨性阅读时，学生需要通过提问、推理、比较等思维方式来深入挖掘文本的内涵，从而形成自己的独立见解。思辨性阅读的核心在于培养学生的批判性思维能力。学生需要学会质疑和分析文本中的观点，辨别信息的真伪和可靠性。他们需要学会提出问题，找出问题的关键点，并通过推理和论证来解决问题。通过思辨性阅读的训练，学生能够培养出批判性思维、逻辑思维和创造性思维等能力，提高自己的思维水平和解决问题的能力。

思辨性交流是指学生在交流过程中能够理性表达、辩论和交流观点的能力。这种交流方式要求学生能够清晰地表达自己的观点，并能够用理性的论据和证据来支持自己的观点。在进行思辨性交流时，学生需要学会倾听他人的观点，尊重他人的意见，并能够进行有理有据的辩论和讨论。思辨性交流的核心在于培养学生的合作与沟通能力。学生需要学会与他人进行有效的沟通，包括倾听、表达和辩论等。他们需要学会尊重他人的观点，善于与他人合作，共同解决问题。通过思辨性交流的训练，学生能够培养出良好的沟通能力、合作能力和解决问题的能力，提高自己的交往能力和社会适应能力。

思辨性阅读与交流的教学方法主要包括启发式教学、讨论式教学和辩论式教学等。在启发式教学中，教师可以通过提问、引导和激发学生的思考，培养学生的思辨能力。在讨论式教学中，教师可以组织学生进行小组讨论，让学生在交流中互相启发和学习。在辩论式教学中，教师可以组织学生进行辩论，让学生在辩论中锻炼自己的辩证思维和辩论能力。

（五）整本书阅读

初中语文核心素养教育课程中的整本书阅读是指学生通过阅读一本完整的文学作品，培养语文素养和阅读能力。这种教学方法注重培养学生的阅读兴趣和阅读能力，通过深入阅读一本书，让学生感受到文学的魅力，提高他们的语文素养。

整本书阅读的教学方法可以分为以下几个步骤：选择适合学生阅读的书籍，教师可以根据学生的年龄、阅读水平和兴趣爱好，选择适合他们的书籍，这样可以激发学生的阅读兴趣，提高他们的阅读积极性；引导学生进行整本书的阅读，教师可以通过导读、讲解和讨论等方式，引导学生进行整本书的阅读，在阅读过程中，教师可以提问学生，帮助他们理解书中的内容和思想，培养他们的阅读能力和思考能力；组织学生进行整本书的讨论，教师可以组织学生进行小组讨论，让他们交流自己的阅读体验和感受，通过讨论，学生可以互相启发，共同提高阅读能力和思考能力；进行整本书的评价和总结，教师可以引导学生对整本书进行评价和总结，让他们总结自己的阅读收获和体会，通过评价和总结，学生可以更好地理解整本书的意义和价值，提高自己的语文素养和阅读能力。

整本书阅读的教学方法可以培养学生的语文素养和阅读能力，提高他们的阅读兴趣和阅读水平。通过深入阅读一本书，学生可以感受到文学的魅力，提高自己的语文素养和阅读能力。整本书阅读也可以培养学生的思考能力和创造能力，提高他们的综合素质和人文素养。整本书阅读的教学方法在初中语文核心素养教育课程中具有重要的意义。通过整本书的阅读，学生可以感受到文学的魅力，提高自己的语文素养和阅读能力。整本书阅读也可以培养学生的思考能力和创造能力，提高他们的综合素质和人文素养。

（六）跨学科学习

跨学科学习是指在教育过程中，将不同学科的知识和技能有机地结合起来，通过跨学科的学习活动，培养学生的综合能力和创新思维。在初中语文核心素养教育课程中，跨学科学习具有重要的意义和价值。

跨学科学习可以促进学科之间的融合。语文作为一门综合性学科，涉及语言、文学、历史、哲学等多个学科的内容。通过跨学科学习，可以将语文与其他学科的知识相结合，使学生能够更好地理解和应用语文知识。例如，在学习古代文学作品时，可以结合历史背景进行分析，了解当时社会的风貌和人们的思想观念，从而更好地理解文学作品的内涵。跨学科学习可以提高学生的综合能力。语文学习不仅仅是对文字的理解和运用，还需要学生具备批判性思维、创造性思维和合作学习的能力。通过跨学科学习，可以培养学生的综合能力，使他们能够独立思考、解决问题和合作学习。例如，在学习写作时，可以引入科学、艺术等其他学科的知识，让学生在写作中运用多种思维方式和技巧，提高写作的质量和水平。

跨学科学习可以激发学生的创新思维。语文学习强调学生的创造性思维和创新能力的培养。通过跨学科学习，可以引入科技、艺术等其他学科的知识，激发学生的创新思维。例如，在学习古代诗词时，可以引入音乐、舞蹈等艺术形式，让学生通过创作和表演，将古代诗词与现代艺术相结合，创造出新的艺术形式和表达方式。跨学科学习可以增强学生的学习兴趣和动机。语文学习是一项需要长期坚持和努力的过程，学生往往容易产生学习疲劳和厌倦。通过跨学科学习，可以增加学习的趣味性和多样性，激发学生的学习兴趣和动机。例如，在学习古代文学作品时，可以组织学生进行戏剧表演或模拟古代文人的生活，让学生亲身体验古代文学的魅力，增加学习的乐趣和动力。

三、初中语文核心素养教育课程评价

（一）过程性评价

1. 过程性评价的重点

（1）学习态度

学习态度是指学生对待学习的态度和观念，包括学习的主动性、积极性、认真性、自觉性等方面。在初中语文核心素养教育中，学习态度是评价学生综合素养的重要指标之一。教师可以通过观察学生的课堂表现，如是否积极参与课堂讨论、是否认真听讲、是否主动回答问题等，评价学生的学习态度；教师可以通过检查学生的作业完成情况，如是否按时完成、是否认真仔细等，评价学生的学习态度；教师可以通过检查学生的学习笔记，如是否整洁有序、是否详细完整等，评价学生的学习态度；教师可以通过观察学生的课外学习情况，如是否自觉复习、是否积极参加课外阅读等，评价学生的学习态度。

教师可以通过设计生动有趣的教学内容和教学活动，激发学生的学习兴趣，使他们对语文学习产生浓厚的兴趣。教师可以通过鼓励学生、表扬学生的进步和成绩，激发学生的学习动力，让他们明确学习的目标和意义，从而增强学习的动力。教师可以通过规范学生的学习行为，如制定学习计划、培养良好的学习习惯等，帮助学生养成良好的学习习惯。

（2）参与程度

学生的参与程度是评价学生学习情况的重要指标之一，它能够反映学生对学习的态度和兴趣。通过评价学生的参与程度，可以了解学生在学习中的表现和问题，及时调整教学策略，提高教学效果。评价的目的

还包括激发学生的学习动力，培养学生的自主学习能力。通过评价学生的参与程度，可以激发学生的学习兴趣，提高学生的学习积极性，培养学生的自主学习能力。学生的参与方式是指学生在学习中的行为表现，包括主动提问、积极回答问题、参与讨论等。学生的参与质量是指学生在学习中的思考和理解程度，包括对问题的深入思考、对知识的准确理解等。评价的内容应该综合考虑学生的参与方式和参与质量，既要注重学生的行为表现，也要注重学生的思考和理解程度。定性评价是指通过观察和记录学生的参与行为，对学生的参与程度进行评价。可以通过观察学生的课堂表现、听取学生的发言、记录学生的问题等方式，评价学生的参与程度。定量评价是指通过量化指标对学生的参与程度进行评价。可以通过问卷调查、学生自评、教师评分等方式，对学生的参与程度进行量化评价。评价的方法应该灵活多样，既要注重客观性，又要注重主观性，既要注重定性评价，又要注重定量评价。

2. 过程性评价的依据

（1）课堂关键表现

初中语文核心素养教育过程性评价依据中的课堂关键表现主要包括以下几个方面。

语言表达能力是语文学习的核心能力之一，也是评价学生语文素养的重要指标。在语文课堂上，学生应能够准确、流利地表达自己的思想和观点，能够运用丰富的词汇和语法知识进行表达。评价学生的语言表达能力时，可以从以下几个方面进行考察：学生是否能够准确运用所学的词汇，是否能够灵活运用近义词、反义词等进行表达。学生是否能够运用不同的句子结构进行表达，是否能够使用复合句、并列句等句子结构进行组织。学生是否能够正确使用各种语法规则，是否能够避免常见的语法错误。学生是否能够流利地表达自己的思想和观点，是否能够用简洁明了的语言进行表达。

阅读理解能力是学生语文素养的重要组成部分，也是学生综合素质的重要体现。在语文课堂上，学生应能够熟练运用各种阅读策略，能够理解和分析各种文本材料。评价学生的阅读理解能力时，可以从以下几个方面进行考察：学生是否能够准确理解文章的主旨和要点，是否能够理解文章中的隐含信息。学生是否能够准确理解文章中的生词和难词，是否能够通过上下文推测词义。学生是否能够通过对文章内容的理解进行推理和判断，是否能够从文章中找出依据进行推理。学生是否能够对文章进行分析，包括分析文章的结构、语言特点等。

文学鉴赏能力是学生语文素养的重要组成部分，也是培养学生审美情趣和文化素养的重要途径。在语文课堂上，学生应能够理解和欣赏各种文学作品，能够分析和评价文学作品的艺术特点。评价学生的文学鉴赏能力时，可以从以下几个方面进行考察：学生是否能够准确理解文学作品的主题和情节，是否能够理解作品中的象征意义和隐含信息。学生是否能够对文学作品进行分析，包括分析作品的结构、人物形象、语言特点等。学生是否能够对文学作品进行评价，包括评价作品的艺术价值、思想内涵等。

写作能力是学生语文素养的重要组成部分，也是学生综合素质的重要体现。在语文课堂上，学生应能够运用所学的语言知识和写作技巧进行写作。评价学生的写作能力时，可以从以下几个方面进行考察：学生是否能够合理组织文章的结构，包括开头、中间和结尾的组织。学生是否能够准确表达自己的思想和观点，是否能够用丰富的细节进行描述。学生是否能够准确运用所学的词汇和语法知识进行表达，是否能够用简洁明了的语言进行表达。学生是否能够使文章的内容和结构连贯，是否能够合理使用过渡词和连接词。

（2）典型作业

初中语文核心素养教育过程性评价依据中的典型作业主要包括阅读理解、写作、口语表达和批判性思维等方面。

阅读理解是语文教育中非常重要的一项能力培养。在初中语文核心素养教育中，阅读理解作业主要包括阅读文章后回答问题、归纳总结、推理判断等。这些作业旨在培养学生的阅读理解能力、信息获取能力和思维能力。阅读文章后回答问题这种作业要求学生在阅读完一篇文章后，根据文章内容回答相关问题。这种作业能够检验学生对文章的理解程度，培养学生的细节把握能力和逻辑思维能力。归纳总结这种作业要求学生在阅读完一篇文章后，归纳总结文章的主题、中心思想或重要观点。这种作业能够培养学生的归纳总结能力和概括能力，提高学生对文章的整体把握能力。推理判断这种作业要求学生在阅读完一篇文章后，根据文章内容进行推理判断。这种作业能够培养学生的逻辑思维能力和推理能力，提高学生的思辨能力和判断能力。

写作是语文教育中培养学生语言表达能力和思维能力的重要环节。在初中语文核心素养教育中，写作作业主要包括记叙文、说明文和议论文等。这些作业旨在培养学生的写作能力、思维能力和逻辑思维能力。记叙文是初中语文教育中常见的写作形式，要求学生通过叙述事件或故事来表达自己的思想和感受。这种作业能够培养学生的观察力、想象力和叙述能力，提高学生的语言表达能力和情感表达能力。说明文是初中语文教育中培养学生逻辑思维能力和分析能力的重要形式。这种作业要求学生通过分析问题、提出解决方案或说明事物的原理和特点。这种作业能够培养学生的逻辑思维能力、分析能力和表达能力，提高学生的思维能力和解决问题的能力。议论文是初中语文教育中培养学生批判性思维能力和辩论能力的重要形式。这种作业要求学生通过提出论点、论据和论证来表达自己的观点和看法。这种作业能够培养学生的批判性思维能力、辩证思维能力和论证能力，提高学生的思维能力和辩论能力。

口语表达是语文教育中培养学生语言交流能力和表达能力的重要环节。在初中语文核心素养教育中，口语表达作业主要包括朗读、演讲和对话等。这些作业旨在培养学生的口头表达能力、语音语调和语言流利度。朗读是初中语文教育中培养学生语音语调和语言流利度的重要形式。这种作业要求学生通过朗读文章或诗歌来表达自己的语音语调和语言流利度。这种作业能够培养学生的语音语调和语言流利度，提高学生的口头表达能力和语言表达能力。演讲是初中语文教育中培养学生演讲能力和表达能力的重要形式。这种作业要求学生通过演讲来表达自己的观点和看法。这种作业能够培养学生的演讲能力、表达能力和语言表达能力，提高学生的口头表达能力和思维能力。对话是初中语文教育中培养学生语言交流能力和表达能力的重要形式。这种作业要求学生通过对话来表达自己的观点和看法。这种作业能够培养学生的语言交流能力、表达能力和语言流利度，提高学生的口头表达能力和思维能力。

批判性思维是语文教育中培养学生思辨能力和判断能力的重要环节。在初中语文核心素养教育中，批判性思维作业主要包括文本分析、观点评价和问题解决等。这些作业旨在培养学生的批判性思维能力、分析能力和解决问题的能力。文本分析是初中语文教育中培养学生分析能力和理解能力的重要形式。这种作业要求学生通过分析文本来理解文本的意义和内涵。这种作业能够培养学生的分析能力、理解能力和批判性思维能力，提高学生的思维能力和分析问题的能力。观点评价是初中语文教育中培养学生批判性思维能力和判断能力的重要形式。这种作业要求学生通过评价他人的观点和看法来表达自己的观点和看法。这种作业能够培养学生的批判性思维能力、判断能力和论证能力，提高学生的思维能力和辩论能力。问题解决是初中语文教育中培养学生解决问题能力和创新能力的重要形式。这种作业要求学生通过解决问题来表达自己的思考和创新能力。这种作业能够培养学生的解决问题能力、创新能力和批判性思维能力，提高学生的思维能力和解决问题的能力。

（3）阶段性测试

阶段性测试是指在学习过程中的一定阶段，对学生进行的一次综合性评价。它的目的是了解学生在学习过程中的掌握情况，检查学生对知识的理解和运用能力，发现学生的问题和不足，并为教师提供有针对性的教学指导。阶段性测试的内容主要包括课本知识、学习方法和思维能力等方面的考查。通过测试，可以了解学生对课本知识的掌握情况，学习方法的运用情况以及思维能力的发展情况。阶段性测试的形式可以多样化，既可以是笔试形式，也可以是口试形式。在笔试形式中，可以包括选择题、填空题、解答题等不同类型的题目，以全面考查学生的知识掌握情况。在口试形式中，可以通过学生的口头回答问题、朗读、演讲等方式，考查学生的口头表达能力和思维能力。不同形式的测试可以综合考察学生的各个方面的能力，使评价更加全面准确。阶段性测试的评价依据主要包括学习成绩、学习态度和学习能力等方面的表现。学习成绩是评价学生学习情况的重要指标，可以通过学生在测试中的得分情况来评价学生的知识掌握情况。学习态度是指学生对学习的态度和投入程度，包括学习的主动性、积极性和认真程度等方面的表现。学习能力是指学生在学习过程中运用知识的能力，包括分析问题、解决问题、创新思维等方面的能力。通过对学生的学习成绩、学习态度和学习能力等方面的评价，可以全面了解学生的学习情况和能力发展，并为教师提供有针对性的教学指导。

在进行阶段性测试时，教师应该注重测试的科学性和公正性。科学性是指测试应该符合教学目标和教学内容，能够全面准确地评价学生的学习情况。公正性是指测试应该公平公正，不偏袒任何一方，确保评价结果的客观性和公正性。为了保证测试的科学性和公正性，教师可以制定详细的测试方案，明确测试的目的、内容和形式，并根据学生的实际情况进行合理的测试安排。

（二）终结性评价

终结性评价是对学生在一段时间内所学知识、能力和素养的总结和评估，其目的主要有以下几个方面。通过终结性评价，可以了解学生在语文学习中的掌握程度、学习态度和学习方法等方面的情况，为进一步的教学提供参考。通过对学生的综合评价，可以及时发现学生的优点和潜力，并给予肯定和鼓励，从而激发学生的学习兴趣和积极性。终结性评价不仅关注学生的学科知识，还注重学生的综合素养和能力培养，通过评价结果的反馈，可以帮助学生发现自身的不足，进一步提高自己的综合素质。

终结性评价的内容应该包括学生的知识掌握程度、思维能力和语言表达能力等方面，具体包括以下几个方面：评价学生对语文基础知识的掌握情况，包括词汇量、语法知识、修辞手法等方面的掌握程度。评价学生的思维能力，包括分析问题的能力、解决问题的能力、创新思维的能力等方面。评价学生的语言表达能力，包括口头表达和书面表达两个方面，注重学生的语言准确性、流畅性和表达能力。评价学生的综合素养，包括学习态度、学习方法、合作能力、创新能力等方面，注重学生的综合素质和能力培养。

终结性评价的方法应该多样化，既要注重定性评价，也要注重定量评价，具体包括以下几个方面。通过考试的形式对学生的知识掌握程度进行评价，可以采用选择题、填空题、解答题等不同形式的题目，注重考查学生的基础知识和思维能力。通过对学生的作业进行评价，可以了解学生的学习情况和学习态度，注重学生的语言表达能力和综合素养。通过对学生的口头表达进行评价，可以了解学生的口头表达能力和思维能力，注重学生的语言准确性和流畅性。通过对学生的学习情况、学习态度和学习方法等方面进行综合评价，可以全面了解学生的综合素质和能力培养。

　　评价方案应该科学合理，既要考虑到学生的学习情况，也要考虑到学生的发展潜力，注重评价结果的客观性和公正性。评价结果应该及时反馈给学生和家长，帮助学生发现自身的不足，进一步提高自己的学习能力和素养。评价应该注重学生的个性差异，采取不同的评价方式和方法，以满足学生的个性化需求。评价应该与教学相结合，通过评价结果的反馈，及时调整教学策略，提高教学效果。

第二章　核心素养教育背景下的初中快乐语文教学

为了提高初中语文教学质量，可以通过多种教学方式，使学生在学习过程中体验到更多快乐，进而提高学生的学习兴趣，提高教学质量。本章主要讲述快乐语文的内涵、初中快乐语文教学的课堂结构、初中快乐语文的阅读教学策略、初中快乐语文的写作教学策略。

第一节　快乐语文的内涵

快乐语文指通过创设具体情境，营造活泼的课堂氛围，通过生动幽默的语言来教学，让学生在轻松愉悦的体验中获得熏陶，掌握知识，提升核心素养。

一、创设具体情境

（一）古代文学作品的情境创设

在初中语文教学中，通过模拟古代社会的场景，让初中生感受古代文学作品中的人物、环境和情感，可以有效地提高学生对古代文学作品的理解和欣赏能力。设计模拟场景是教学的关键。模拟古代社会的场景可以通过布置教室、搭建道具等方式来实现。例如，在教室中搭建一个古代的客厅，摆放古代家具和饰品，让学生在这个场景中感受古代社会的氛围。同时，可以邀请专业演员扮演古代人物，与学生进行互动，使学生更加真实地感受到古代人物的形象和情感。选择合适的教学方法是关键。在模拟场景中，可以采用多种教学方法，如角色扮演、小组合作等。通过角色扮演，学生可以扮演古代文学作品中的人物，亲身体验古代人物的生活和情感。在小组合作中，学生可以分工合作，共同完成一项任务，如根据古代文学作品中的情节创作一段对话或小品，以此来理解和表达古代人物的情感。在模拟古代社会的场景中，教师可以通过观察学生的表现、听取学生的意见等方式来评价教学效果。例如，教师可以观察学生在角色扮演中的表演是否真实、自然；可以听取学生对古代人物情感的理解和表达。教师还可以通过学生的作品、口头表达等方式来评价学生对古代文学作品的理解和欣赏能力。通过评价教学效果，教师可以及时调整教学策略，提高教学效果。

在初中语文教学中，利用角色扮演、小组讨论等方式，让初中生亲身体验古代文学作品中的情节和冲突，可以有效提高学生的阅读理解能力和情感体验能力，培养学生的文学素养和人文关怀。角色扮演是一种生动有趣的教学方式，可以让学生身临其境地感受古代文学作品中的情节和冲突。教师可以根据文学作品的情节和人物角色，将学生分成小组，每个小组扮演一个角色，通过模拟对话和行动，还原文学作品中的情节和冲突。小组讨论是一种促进学生思维发展和合作学习的方式，可以让学生在互动中深入探讨古代文学作品中的情节和冲突。教师可以将学生分成小组，每个小组负责研究和讨论一部古代文学作品，通过小组讨论的方式，学生可以互相交流和分享自己的理解和感受，共同探讨文学作品中的情节和冲突。教师还可以结合角色扮演和小组讨论的方式，设计一些情节和冲突的创作任务，让学生通过自己的创作来体验古代文学作品中的情节和冲突。

（二）现代文学作品的情境创设

在初中语文教学中，通过模拟现实生活中的场景，可以帮助初中生更好地理解和感受现代文学作品中的人物、环境和情感。这种教学方法可以激发学生的兴趣，提高他们的阅读理解能力和情感体验能力。通过模拟现实生活中的场景，可以帮助学生更好地理解文学作品中的人物。学生可以通过扮演现代文学作品的角色，深入了解他们的性格特点、内心世界和与其他人物的关系。这样的模拟场景可以让学生更加深入地理解文学作品中的人物形象，增强对作品的感知和理解。通过模拟现实生活中的场景，可以使初中生更加主动地参与到语文教学中，提高他们的学习兴趣和参与度[1]。这种教学方法也可以培养学生的观察力、想象力和

---

[1]宋太荣.快乐语文，快乐生活——谈如何开展初中语文快乐教学[J].新课程，2020（23）：52.

表达能力，提高他们的阅读理解能力和情感体验能力。因此，在初中语文教学中，通过模拟现实生活中的场景，让学生更好地理解和感受现代文学作品中的人物、环境和情感是一种有效的教学方法。

在初中语文教学中，利用小组合作、情景演绎等方式，让初中生参与到现代文学作品的创作和表演中，可以有效提高学生的语文素养和创造力，激发他们对文学的兴趣和热爱。教师可以将学生分成小组，每个小组负责创作一篇现代文学作品，可以是小说、散文、诗歌等。在创作过程中，学生可以相互讨论、互相启发，共同解决问题，提高自己的写作水平。同时，小组合作也可以培养学生的团队合作精神和沟通能力，让他们学会与他人合作，共同完成一个目标。教师可以选择一些经典的现代文学作品，让学生分角色进行表演。在表演过程中，学生需要理解文学作品的内涵和情感，通过表演来展现人物的性格和情感变化。这样不仅可以提高学生的语言表达能力，还可以培养他们的艺术修养和审美能力。教师还可以引导学生进行文学作品的改编和创新。学生可以选择一些经典的现代文学作品，进行改编和创新，加入自己的想法和创意。例如，可以改变故事的结局，增加新的情节，创造新的人物形象等。通过这样的创作活动，可以培养学生的创造力和想象力，让他们学会思考和表达自己的观点。教师还可以组织学生进行文学作品的朗诵和演讲比赛。学生可以选择自己喜欢的现代文学作品，进行朗诵和演讲。在朗诵和演讲的过程中，学生需要理解文学作品的情感和内涵，通过声音和语言的表达，将作品中的情感传递给观众。这样可以提高学生的口语表达能力和演讲能力，培养他们的自信心和表达能力。

（三）语法知识的情境创设

初中语文教学中，语法知识的情境创设是非常重要的一环。通过情境创设，可以帮助学生在实际的情境中学习和运用语法知识。教师可以根据学生的实际情况和学习需求，设计更多的情境创设，提高语文教学的针对性和趣味性。教师还可以引导学生在实际生活中观察和运用语法知识，培养学生的语文素养和语言运用能力。

名词的情境创设。情境：小明和小红在动物园里玩耍，他们看到了很多动物。请根据下面的情境，完成名词的分类。小明和小红来到了动物园，他们看到了很多动物。小明指着一只大象说："这是一只大象。"

小红指着一只猴子说:"那是一只猴子。"他们还看到了一群鸟在天空中飞翔,小明说:"这些鸟真漂亮。"小红看到了一只小狗,高兴地说:"这是一只小狗。"请你根据这个情境,将名词进行分类。情境:小明和小红在学校的操场上玩耍,他们看到了很多东西。请根据下面的情境,完成名词的分类。小明和小红来到了学校的操场上,他们看到了很多东西。小明指着一棵树说:"这是一棵树。"小红指着一辆自行车说:"那是一辆自行车。"他们还看到了一些花在花坛中开放,小明说:"这些花真漂亮。"小红看到了一只小鸟,高兴地说:"这是一只小鸟。"请你根据这个情境,将名词进行分类。

动词的情境创设。情境:小明和小红在家里做家务,请根据下面的情境,完成动词的填空。小明和小红在家里做家务。小明正在扫地,小红正在洗碗。他们一起收拾好了房间,然后小明去倒垃圾,小红去晾衣服。请你根据这个情境,填写动词的正确形式。情境:小明和小红在学校参加体育活动,请根据下面的情境,完成动词的填空。小明和小红在学校参加体育活动。小明正在跑步,小红正在跳远。他们一起做了一些热身运动,然后小明去投篮,小红去跳高。请你根据这个情境,填写动词的正确形式。

形容词的情境创设。情境:小明和小红在花园里看花,请根据下面的情境,完成形容词的填空。小明和小红在花园里看花。小明看到了一朵红色的玫瑰花,小红看到了一朵黄色的向日葵。他们还看到了一片绿色的草地,小明说:"这片草地真美。"小红看到了一只黑色的蝴蝶,高兴地说:"这只蝴蝶真漂亮。"请你根据这个情境,填写形容词的正确形式。情境:小明和小红在学校参加艺术展,请根据下面的情境,完成形容词的填空。小明和小红在学校参加艺术展。小明看到了一幅美丽的画,小红看到了一幅有趣的雕塑。他们还看到了一些精彩的表演,小明说:"这些表演真棒。"小红看到了一件漂亮的衣服,高兴地说:"这件衣服真好看。"请你根据这个情境,填写形容词的正确形式。

(四)写作技巧的情境创设

通过写作技巧的情境创设,可以帮助学生更好地理解和掌握写作技巧,提高写作水平。

情境:写人物描写。故事背景:学生们正在进行一次夏令营活动,他们被要求写一篇关于夏令营中一位特别的人物的描写文章。情境设定：学生们在夏令营中遇到了一位特别的辅导员，他叫李老师。李老师是一位年轻有活力的老师，他总是充满激情地带领学生们参加各种活动。他不仅在夏令营中教授学生们各种技能，还关心学生的成长和发展。学生们对他非常敬佩和喜爱。写作技巧：描写人物的外貌、性格、行为和言语。学生们可以通过以下方式来描写李老师：李老师身材高大，留着一头乌黑的短发，眼神炯炯有神，总是带着微笑。李老师热情开朗，总是充满活力，给人一种亲切感。他对每个学生都很关心，总是耐心倾听他们的问题和困惑，并给予积极的回应和建议。李老师总是带领学生们参加各种活动，比如登山、野营、游泳等。他总是亲自示范，鼓励学生们克服困难，勇敢尝试。他还会组织一些小组活动，让学生们合作完成任务，培养他们的团队合作精神。李老师总是用鼓励和赞美的话语来激励学生们，让他们相信自己的能力。他会说："相信自己，你们一定能行。"他还会分享一些自己的经历和故事，让学生们从中获得启发和鼓舞。

情境：写景描写。故事背景：学生们正在进行一次户外写生活动，他们被要求写一篇关于所见所闻的景物描写文章。情境设定：学生们来到了一座美丽的公园，公园里有各种各样的花草树木，还有湖泊和小桥流水。学生们可以选择一个自己喜欢的景物进行描写。写作技巧：运用形象化的语言描写景物的外貌、声音、气味和触感。学生们可以通过以下方式来描写公园中的一棵大树：那棵大树高大挺拔，树干粗壮，树枝伸展开来，像一把巨大的伞。树叶翠绿欲滴，随风摇曳。微风吹过，树叶发出沙沙的声音，仿佛在低语。鸟儿停在树枝上，欢快地歌唱。树下有一片鲜花盛开的花坛，花香扑鼻，让人陶醉其中。树干粗糙有力，摸上去有一种厚实的感觉。树荫下凉爽宜人，让人感到舒适和放松。

情境：写记叙文。故事背景：学生们正在进行一次户外探险活动，他们被要求写一篇关于探险经历的记叙文。情境设定：学生们来到了一座神秘的山洞，他们决定一起探险进入山洞。在山洞中，他们经历了各种刺激和惊险的事情。写作技巧：运用描写、对话和心理描写等手法，让文章更加生动有趣。学生们可以通过以下方式来写自己的探险经历：学生们可以描写山洞的黑暗、潮湿和寒冷，以及洞内的奇特景象，比如石钟乳、石笋等。学生们可以通过对话来展示人物之间的互动和情感变化，比如在面对困难时的鼓励和支持。学生们可以描写自己在探险过程中的内心想法和感受，比如紧张、兴奋、恐惧等。通过这样的情境创设，学生们可以更加具体地了解如何写一篇记叙文，从而提高他们的写作水平。

二、营造活泼的课堂氛围

（一）多媒体辅助

在初中语文教学中，采用多媒体辅助可以有效地营造活泼的课堂氛围。多媒体辅助教学是指在教学过程中，利用计算机、投影仪、音频设备等多种媒体手段，将教学内容以图像、声音、动画等形式呈现给学生，以提高学生的学习兴趣和参与度。

多媒体辅助教学可以激发学生的学习兴趣。传统的教学方式往往以教师为中心，学生被动接受知识，容易产生学习的厌倦情绪。而多媒体辅助教学可以通过图像、声音、动画等形式直观地展示教学内容，使学生更加主动地参与到学习中来。例如，在讲解古诗词时，可以通过多媒体展示古代文人的生活环境、历史背景等，使学生更加深入地理解和感受古代文化的魅力，从而激发学生对语文学习的兴趣。多媒体辅助教学可以提高学生的学习效果。多媒体教学可以将抽象的概念以形象的方式呈现给学生，使学生更容易理解和记忆。例如，在教学诗歌鉴赏时，可以通过多媒体展示诗歌的结构、韵律、意象等要素，使学生更加直观地理解和感受诗歌的美。同时，多媒体辅助教学还可以提供丰富的学习资源，如名人演讲、文学名著的电子版等，使学生能够更全面地了解和掌握相关知识。多媒体辅助教学可以培养学生的创新思维和实践能力。多媒体教学可以通过设计和制作教学资源的过程，培养学生的创造力和动手能力。例如，在学习写作时，可以让学生利用多媒体软件制作自己的作文，通过图片、音频等方式展示自己的创作成果，培养学生的写作能力和表达能力。同时，多媒体辅助教学还可以通过互动的方式激发学生的思考和探索欲望，培养学生的独立思考和解决问题的能力。教师应根据学生的实际情况和学习需求，合理选择和运用多媒体教学资源，避免过度依赖多媒体教学。教师应熟练掌握多媒体教学技术，确保教学过程的顺利进行。教师还应注意多媒体教学资源的质量和合法性，避免使用不准确或不合适的教学资源。教师应注重多媒体教学与传统教学方式的结合，使多媒体辅助教学成为教学的有机组成部分，而不是简单地替代传统教学。

（二）互动式教学

互动式教学可以营造活泼的课堂氛围，增强学生的参与感和合作意识，培养他们的思辨能力和创新思维。传统的教学方法往往以教师为中心，学生只是被动接受知识。而互动式教学则注重学生的主体地位，通过提问、讨论、小组活动等方式，让学生积极参与到课堂中来。学生在互动中能够感受到自己的学习成果，增强自信心，从而更加主动地投入到学习中去。互动式教学可以提高学生的思维能力。在互动式教学中，学生不仅仅是被动接受知识，更需要主动思考和表达。通过提问、讨论和解决问题的过程，学生能够培养自己的思辨能力和创新思维。他们需要思考问题的各个方面，从不同的角度去思考和分析，这样能够培养学生的逻辑思维和批判性思维，提高他们的问题解决能力。互动式教学可以增强学生的合作意识和团队精神。在互动式教学中，学生通常需要进行小组活动、角色扮演等合作性的任务。通过与同学们的合作，学生能够学会倾听和尊重他人的意见，学会与他人合作解决问题。这样能够培养学生的合作意识和团队精神，提高他们的沟通能力和协作能力。互动式教学可以提高教学效果。互动式教学能够激发学生的学习兴趣和积极性，提高他们的学习动力。学生在互动中能够更好地理解和掌握知识，提高学习效果。同时，互动式教学也能够及时发现学生的问题和困惑，及时给予指导和帮助，提高教学的针对性和个性化。

（三）创设竞赛环节

在初中语文教学中，创设竞赛环节可以有效地营造活泼的课堂氛围，激发学生的学习兴趣和积极性。竞赛环节可以是小组竞赛、个人竞赛或者班级竞赛等形式，通过比赛的方式来巩固和提高学生的语文知识和技能。

竞赛本身就是一种激励和挑战，学生们会因为竞赛而感到兴奋和有动力。在竞赛中，学生们会全身心地投入到学习中，积极主动地思考和解决问题。他们会因为竞赛而感到紧张和兴奋，这种紧张和兴奋会促使他们更加专注和努力地学习。同时，竞赛还可以培养学生的竞争意识和团队合作精神，激发他们的自信心和自主学习的能力。竞赛环节可以设置各种各样的题目和任务，涵盖语文的各个方面，如词语运用、阅读理解、写作等。通过竞赛，学生们可以巩固和提高自己的语文知识和技能。在竞赛中，学生们会因为想要取得好成绩而更加努力地学习和思考，他们会通过竞赛来检验自己的学习成果，并且在竞赛中发现自己的不足之处，从而更加有针对性地进行学习和提高。竞赛环节可以设置一些开放性的问题和任务，要求学生们进行思考和解决问题。通过竞赛，学生们可以锻炼自己的思维能力和创新意识，培养他们的逻辑思维和批判性思维。在竞赛中，学生们会面临各种各样的问题和挑战，他们需要通过自己的思考和创新来解决问题，这样可以培养他们的独立思考和解决问题的能力。竞赛环节可以使课堂变得更加活跃和生动，激发学生的学习兴趣和积极性。在竞赛中，学生们会因为竞争而更加专注和努力地学习，他们会更加积极地参与到课堂中，提出问题和分享自己的观点。同时，竞赛还可以促使教师更加注重课堂教学的设计和组织，提高教学的效果和质量。教师可以通过竞赛来检验学生的学习成果，并及时给予反馈和指导，从而更好地促进学生的学习和发展。

竞赛环节应该具有一定的针对性和挑战性，要根据学生的实际情况和学习目标来设置题目和任务。竞赛环节应该注重学生的参与和合作，要鼓励学生们积极参与到竞赛中，培养他们的团队合作精神和交流能力。竞赛环节应该注重学生的思考和创新，要设置一些开放性的问题和任务，鼓励学生们进行思考和解决问题。竞赛环节应该注重学生的反馈和指导，要及时给予学生们反馈和指导，帮助他们发现自己的不足之处，并提供相应的帮助和指导。

（四）多样化的教学方法

讲授方法是语文教学中最常用的教学方法之一。教师可以通过讲解、示范、演示等方式向学生传授知识。但是，单一的讲授方法容易使学生产生疲倦感，降低学习兴趣。因此，教师可以采用多媒体教学、情景教学等方式来丰富讲授内容，增加学生的参与度。例如，在教授古诗词时，可以通过播放音频、展示图片等方式来让学生感受古诗词的韵律和意境，激发学生的情感共鸣。讨论方法是培养学生思维能力和合作精神的有效途径。教师可以组织学生进行小组讨论、角色扮演等活动，让学生在交流中互相启发，共同探讨问题。通过讨论，学生可以从不同的角度思考问题，培养批判性思维和创造性思维。例如，在教授小说时，可以组织学生分角色讨论小说中的人物形象、情节发展等问题，激发学生的思考和表达能力。

实践方法是培养学生实际操作能力和实践能力的有效手段。教师可以组织学生进行写作、朗读、演讲等实践活动，让学生通过实际操作来巩固和应用所学知识。例如，在教授作文时，可以给学生提供写作素材，让学生根据素材进行写作，通过实际操作来提高写作能力。此外，教师还可以组织学生进行文学创作、戏剧表演等活动，让学生在实践中感受语文的魅力。评价方法是对学生学习成果进行评价和反馈的重要手段。教师可以采用多样化的评价方式，如作业评价、口头评价、小组评价等，让学生在不同的评价环境中展示自己的能力。通过评价，学生可以了解自己的不足之处，及时调整学习策略，提高学习效果。教师还可以通过评价激励学生，鼓励他们在语文学习中不断进步。

（五）鼓励表演和展示

在初中语文教学中，鼓励学生进行表演和展示是非常重要的，它可以帮助学生更好地理解和掌握知识，提高他们的语言表达能力和沟通能力，营造活泼的课堂氛围，激发学生的学习兴趣和参与度。

语文教学的目的是培养学生的语言能力和文学素养，而表演和展示正是一种非常有效的方式。通过表演，学生可以将课文中的人物形象、情节和语言表达真实地呈现出来，使学生更加深入地理解和感受到文学作品中的情感和思想。同时，学生在表演过程中需要理解和运用语言，这对于提高他们的语言表达能力和语感非常有帮助。通过展示，学生可以将自己的观点、见解和创意以各种形式展示出来，这不仅可以加深对知识的理解，还可以培养学生的创造力和思维能力。在表演和展示的过程中，学生需要运用语言来表达自己的想法和感受，这对于提高他们的口头表达能力和语言组织能力非常有帮助。同时，学生还需要与观众进行互动和交流，这可以培养他们的沟通能力和合作精神。通过表演和展示，学生可以锻炼自己的表达能力，提高自信心，培养良好的人际交往能力。相比于传统的教学方式，表演和展示更加生动有趣，更能吸引学生的注意力和积极参与。学生在表演和展示中可以发挥自己的创造力和想象力，充分展示自己的才华和个性，这可以激发他们对语文学习的兴趣和热情。同时，学生在观看他人的表演和展示时也可以从中获得乐趣和启发，进一步激发他们的学习动力。

传统的教学方式往往以教师为中心，学生被动接受知识，课堂氛围较为沉闷。而通过表演和展示，可以使课堂变得更加生动活泼。学生可以在表演和展示中展示自己的才艺和个性，增加课堂的趣味性和互动性。同时，学生在表演和展示中也可以相互学习和交流，促进彼此之间的合作和友谊，营造积极向上的学习氛围。

三、使用生动幽默的语言

（一）在引入课堂中使用生动幽默的语言

初中语文教学的引入课堂是非常重要的，它直接影响学生对课堂内容的兴趣和理解程度。使用生动幽默的语言策略可以吸引学生的注意力，激发他们的学习兴趣，提高课堂效果。

可以通过讲述一个有趣的故事来引入课堂。这个故事可以与课堂内容相关，也可以是一个与课堂内容无关但有趣的故事。通过讲述故事，可以吸引学生的注意力，让他们对课堂内容产生兴趣。可以使用幽默的比喻和类比来解释抽象的概念和复杂的知识点。通过使用幽默的比喻和类比，可以帮助学生更好地理解和记忆课堂内容。例如，在讲解诗歌的时候，可以使用一个幽默的比喻来解释诗歌的韵律和节奏，如将诗歌比喻为跳舞的小猫，诗句比喻为小猫的脚步声。通过这个比喻，可以让学生更好地理解诗歌的韵律和节奏。可以使用一些简短的笑话和趣味故事来引入课堂。这些笑话和趣味故事可以与课堂内容相关，也可以是一些与课堂内容无关但有趣的故事。通过讲述笑话和趣味故事，可以轻松地引起学生的笑声，让他们放松心情，更好地参与到课堂中来。例如，在讲解古文的时候，可以讲述一个与古文有关的笑话，如一个学生在背诵古文的时候，把古文的字读错了，结果被老师批评了。通过这个笑话，可以引出古文的重要性和正确理解古文的方法。可以通过模仿和表演来引入课堂。可以让学生模仿课文中的人物角色，或者让他们表演一段对话或情节。通过模仿和表演，可以让学生更好地理解和感受课文中的人物和情节，提高他们的学习兴趣。

（二）在课文解读中使用生动幽默的语言

为了吸引学生的注意力和提高他们的学习兴趣，教师可以运用生动幽默的语言策略，使课文解读更加有趣和易于理解。通过使用比喻和拟人的手法，将抽象的概念或情感形象化，使学生更容易理解。通过使用反转和夸张的手法，增加故事情节的趣味性和吸引力。通过使用幽默的对话和情景描写，增加故事的趣味性和可读性。通过将课文中的故事情节进行串联和延伸，增加故事的连贯性和吸引力。通过使用语言游戏和谜语，增加学生的参与感和互动性。

（三）在互动讨论中使用生动幽默的语言

比喻和拟人是一种常用的修辞手法，可以用来形象地描述事物或情感。在互动讨论中，可以使用比喻和拟人来解释抽象概念，使其更加生动有趣[1]。例如，当讨论诗歌的韵律时，可以说："韵律就像是诗歌的心跳，它让诗歌有了节奏感，就像是一首动听的音乐。"双关语和谐音是一种常用的幽默手法，可以用来制造笑点和增加趣味性。在互动讨论中，可以使用双关语和谐音来引起学生的注意和笑声。例如，当讨论诗歌的意境时，可以说："诗歌就像是一面镜子，它可以让我们看到美丽的风景，也可以让我们看到自己的'美丽'。"反转和夸张是一种常用的幽默手法，可以用来制造意外和引起笑声。在互动讨论中，可以使用反转和夸张来突破学生的思维定势，激发他们的创造力和想象力。例如，当讨论写作技巧时，可以说："写作就像是做魔术，你需要有一双魔术师的手，一颗魔术师的心，还要有一点点魔术师的运气。"故事和笑话是一种常用的幽默手法，可以用来引起学生的共鸣和笑声。在互动讨论中，可以使用故事和笑话来讲解知识点，使其更加易于理解和记忆。例如，当讨论古诗词时，可以讲述一个有趣的故事，让学生更好地理解古人的思想和情感。

（四）在练习与评价中使用生动幽默的语言

比喻和类比是一种生动形象的表达方式，可以帮助学生更好地理解

---

[1] 李海阳. 初中语文教学快乐课堂的构建策略[J]. 中学课程辅导（教师教育），2018 (16)：78.

和记忆知识点。教师可以使用一些有趣的比喻和类比来解释抽象概念，使学生更容易理解。例如，在讲解诗歌的韵律时，可以比喻为"诗歌就像一首优美的歌曲，有着独特的节奏和旋律，让人听起来感到愉悦"。在课堂中使用一些幽默的故事和笑话，可以轻松地缓解学生的紧张情绪，增加课堂的活跃度。教师可以选择一些与教学内容相关的幽默故事和笑话，讲述给学生听。例如，在讲解古代诗人的生平时，可以讲述一些与古代诗人有关的幽默故事，让学生在轻松愉快的氛围中学习。

评价学生的表现不仅仅是对学生知识掌握程度的评价，还包括对学生参与度、思维能力和创造力等方面的评价。在评价学生的表现时，可以结合使用生动幽默的语言策略，给予学生积极的反馈和鼓励。评价学生的参与度时，可以考虑学生在课堂中的积极性、主动性和表达能力等方面。对于那些能够积极参与课堂讨论、提出问题和分享观点的学生，可以给予肯定和鼓励。例如，可以说："小明在课堂上总是能够积极参与讨论，提出很多有深度的问题，对于课堂的氛围和学习效果起到了积极的推动作用。"评价学生的思维能力时，可以考虑学生的逻辑思维、创造力和批判性思维等方面。对于那些能够独立思考问题、提出新颖观点和有独到见解的学生，可以给予肯定和赞扬。例如，可以说："小红在课堂上总是能够独立思考问题，提出一些与众不同的观点，展示出了很高的思维能力。"评价学生的创造力时，可以考虑学生在课堂作业和创作中的创新程度和独特性。对于那些能够提出新颖的创意、有独特的表达方式和展示出创造力的学生，可以给予肯定和鼓励。例如，可以说："小明在写作文时总是能够展示出很高的创造力，他的作文内容新颖独特，给人一种耳目一新的感觉。"

（五）在作文指导中使用生动幽默的语言

在作文指导中，可以使用一些幽默的开头来吸引学生的注意力。例如，可以说："亲爱的同学们，今天我们要讨论一个非常重要的问题，那就是'为什么猫咪总是喜欢躺在键盘上'。是不是每次你在电脑前写作业的时候，猫咪总是不请自来，把你的键盘当成它的床垫？让我们一起来揭开这个神秘的面纱吧。"在作文指导中，可以使用一些幽默的例子和比喻来帮助学生理解和记忆知识点。例如，在讲解比喻的时候，可以说："比喻就像是一把魔法师的魔杖，它可以把平凡的事物变成有趣的故事。

比如，我们可以说'他的笑声像是一串铃铛，把整个教室都变成了欢乐的海洋'，这样就把一个普通的笑声变得生动有趣了。"

在作文指导中，可以使用一些幽默的对话和对白来展示不同观点和思考方式。例如，在讲解议论文的时候，可以编写一个幽默的对话："小明：我认为学生应该每天写作业，这样才能提高自己的学习能力。小红：可是小明，你每天写作业的时候，都是坐在电视机前面，一边写作业一边看电视剧，这样真的能提高学习能力吗？"在作文指导中，可以使用一些幽默的插图和图片来帮助学生理解和记忆知识点。例如，在讲解写景作文的时候，可以使用一张插图，上面画着一个戴着太阳眼镜的太阳，笑嘻嘻地照耀着一片美丽的风景，这样就能让学生更加生动地感受到写景作文的魅力。

第二节 初中快乐语文教学的课堂结构

一、导入定向

导入定向是指在初中语文课堂教学中，通过一系列的引导和导入活动，引起学生的兴趣，激发学生的思维，使学生进入学习状态，为后续的教学内容做好铺垫。

导入定向是课堂教学的开端，通过巧妙的引导和导入活动，能够吸引学生的注意力，激发他们的学习兴趣，使他们主动参与到课堂教学中来。导入定向是培养学生良好学习态度的重要环节，通过导入活动，可以引导学生正确对待学习，培养他们积极主动的学习态度。导入定向是培养学生思维能力的重要途径，通过导入活动，可以引导学生思考问题，激发他们的思维，培养他们的创新意识和解决问题的能力。导入定向应该从简单到复杂，从易到难，逐步引导学生进入学习状态。导入活动的难度和复杂度应该与后续教学内容相适应，不能过于简单或过于复杂。导入定向应该通过启发学生思考问题，激发他们的思维，培养他们的创新意识和解决问题的能力。导入活动应该具有启发性，能够引导学生主动思考，积极参与。导入定向应该注重培养学生的情感态度，通过导入活动，引起学生的情感共鸣，激发他们的情感体验，使学生在学习中产生情感投入。

通过提出一个引人入胜的问题，引导学生思考，激发他们的思维。这种方法能够激发学生的兴趣，培养他们的思维能力。通过讲述一个生动有趣的故事，引起学生的兴趣，激发他们的思维。这种方法能够激发学生的情感，培养他们的创新意识。通过展示一幅精美的图片，引导学生观察、思考，激发他们的思维。这种方法能够激发学生的想象力，培养他们的观察力和表达能力。通过展示一个实物，引导学生观察、思考，激发他们的思维。这种方法能够激发学生的实际操作能力，培养他们的观察力和实践能力。通过提出一个引人深思的问题，引导学生思考，激发他们的思维。这种方法能够激发学生的思考能力，培养他们的创新意识和解决问题的能力。

二、整体感知

整体感知是指学生对于学习内容的整体把握和理解能力。它要求学生能够将学习内容进行整体思考和整体理解，而不仅仅是片面地记忆和理解。整体感知能够帮助学生更好地理解知识，提高学习效果。整体感知能够帮助学生更好地理解和掌握知识，从而提高学习效果。通过整体感知，学生能够将零散的知识点进行整合，形成完整的知识体系，提高学习的系统性和连贯性。整体感知要求学生进行整体思考和整体理解，培养学生的综合思维能力。学生需要将学习内容进行整合和梳理，形成自己的思维模式和思维方式，提高综合思维的能力。整体感知是培养学生语文素养的重要环节。通过整体感知，学生能够更好地理解和运用语言，提高语文素养。同时，整体感知还能够培养学生的审美能力和文化素养，提高学生的综合素质。

在课堂教学中，教师可以通过提问、讲解等方式引导学生进行整体感知。教师可以提出一个问题，让学生进行思考和回答，从而引导学生进行整体感知。同时，教师还可以通过讲解的方式，将学习内容进行整合和梳理，帮助学生进行整体感知。学生可以通过一些活动来进行整体感知。例如，学生可以进行小组合作，共同整理和梳理学习内容，形成思维导图或知识框架，帮助自己进行整体感知。同时，学生还可以进行课堂展示，将自己的整体感知结果展示给全班同学，从而促进学习的互动和交流。在课堂教学中，整体感知环节可以与知识讲解、课堂练习等环节相结合，形成一个有机的整体。例如，在知识讲解环节中，教师可以通过提问和讲解的方式引导学生进行整体感知；在课堂练习环节中，学生可以通过练习来巩固和运用整体感知的知识。

在整体感知环节中，教师可以设计一些合理的问题，引导学生进行整体感知。问题应该具有一定的难度和深度，能够激发学生的思考和探索。同时，问题还应该与学习内容紧密相关，能够帮助学生进行整体感知。在整体感知环节中，教师可以提供多样化的学习资源，帮助学生进行整体感知。学习资源可以包括教材、课外读物、多媒体资料等，能够帮助学生从不同的角度进行整体感知。在整体感知环节中，学生可以进行思维导图或知识框架的制作，帮助自己进行整体感知。思维导图或知识框架能够帮助学生将学习内容进行整合和梳理，形成自己的思维模式和思维方式。在整体感知环节中，教师可以鼓励学生进行课堂展示，将自己的整体感知结果展示给全班同学。通过展示，学生能够更好地理解和掌握知识，同时还能够促进学习的互动和交流。

三、厘清作者的思路

在厘清作者的思路之前，首先要把握文章的结构。文章的结构是作者表达思想的框架，通过分析文章的结构，可以更好地理解作者的思路。阅读文章标题和段落标题，了解文章的主题和大致内容。分析文章的开头和结尾，了解文章的引子和总结。分析文章的主体部分，找出文章的主要段落和重点句子。分析文章的逻辑关系，找出段落之间的联系和转折。通过以上步骤，学生可以逐步把握文章的结构，从而更好地理清作者的思路。接下来要分析作者的观点和意图。作者的观点是作者对于某一问题或主题的看法，而作者的意图是作者写作的目的和意图。分析文章的语言和修辞手法，了解作者的情感倾向和态度。分析文章的论证和论据，找出作者的观点和论证过程。分析文章的结构和组织，了解作者的写作目的和意图。最后要总结文章的要点和关键词。文章的要点是文章的主要内容和核心观点，而关键词是文章中重要的词语和概念。阅读文章的主体部分，找出文章的主要段落和重点句子。分析文章的逻辑关系，找出段落之间的联系和转折。总结文章的要点，提炼出文章的主题和核心观点。找出文章中的关键词，包括重要的词语和概念。

四、局部品读重点

对于生字词，要引导学生通过上下文的语境来猜测其意思。可以通过提问、讨论等方式，帮助学生理解生字词的含义。对于一些近义词或者词义相近的词语，要引导学生进行辨析。可以通过对比、举例等方式，帮助学生理解词义的差异。对于一些常用的词语搭配，要引导学生理解其固定搭配的意义。可以通过例句、语境等方式，帮助学生掌握词语搭配的用法。对于复杂的句子，要引导学生分析句子的成分。可以通过提问、分析等方式，帮助学生理解句子的结构和成分之间的关系。对于简单的句子，要引导学生理解句子的主谓宾结构。可以通过提问、填空等方式，帮助学生理解句子的基本结构。对于一些修辞手法的句子，要引导学生理解其修辞的目的和效果。可以通过分析、讨论等方式，帮助学生理解句子的修辞手法。

对于每个段落，要引导学生找出段落的主题句。可以通过提问、分析等方式，帮助学生理解段落的中心思想。对于段落的结构和组织，要引导学生分析段落的开头、中间和结尾。可以通过提问、讨论等方式，帮助学生理解段落的逻辑关系。对于一些修辞手法的段落，要引导学生理解其修辞的目的和效果。可以通过分析、讨论等方式，帮助学生理解段落的修辞手法。对于整篇文章，要引导学生找出文章的主题和中心思想。可以通过提问、分析等方式，帮助学生理解文章的主旨。对于语篇的结构和组织，要引导学生分析语篇的开头、中间和结尾。可以通过提问、讨论等方式，帮助学生理解语篇的逻辑关系。对于一些修辞手法的语篇，要引导学生理解其修辞的目的和效果。可以通过分析、讨论等方式，帮助学生理解语篇的修辞手法。

五、品读文章的妙处

阅读理解是语文学习的基础，也是学生学习其他学科的基础。通过品读文章，学生可以学会提取文章的主旨大意，理解作者的观点和意图，把握文章的结构和逻辑关系，从而更好地理解文章的内容[1]。品读文章还

---

[1] 徐两文. 初中语文教学中打造高效课堂的对策研究[J]. 读写算，2019（01）：163.

可以培养学生的细致观察力和敏锐的思维能力,帮助他们发现文章中的细节和隐含信息,进一步加深对文章的理解。品读文章可以培养学生的审美情趣。文学作品是人类智慧和情感的结晶,通过品读文章,学生可以欣赏到优美的语言和精彩的表达,感受到作者的情感和思想。这样不仅可以培养学生的审美情趣,提高他们对文学作品的欣赏能力,还可以激发他们对文学创作的兴趣,激发他们的创造力和想象力。

文学作品是人类文化的重要组成部分,通过品读文章,学生可以了解到不同时代和不同地域的文化背景和社会风貌,了解到不同人物的思想和情感,了解到不同的价值观和人生观。这样可以拓宽学生的视野,增强他们的人文素养,培养他们的人文精神和人文情怀。文学作品往往具有多重意义和深层次的思考,通过品读文章,学生可以思考作者的用意和表达方式,思考作品中的道德和价值观,思考作品与现实生活的联系和启示。这样可以培养学生的思辨能力和创造力,激发他们对问题的思考和解决问题的能力。

六、课外延伸

课外延伸活动可以帮助学生拓宽知识面,了解更多的文化知识和语文知识。通过参与课外延伸活动,学生可以提高自己的阅读、写作、口语和听力等语文能力。课外延伸活动可以培养学生对语文的兴趣和爱好,激发学生学习语文的动力。组织学生参加读书活动,如读书分享会、读书报告等,鼓励学生多读好书,培养阅读兴趣。组织学生参加写作比赛,如作文比赛、诗歌创作比赛等,激发学生的写作热情,提高写作水平。组织学生参加朗诵比赛,培养学生的口语表达能力和语感。邀请专家学者给学生讲授一些与语文相关的知识,如古代文学、现代文学等,拓宽学生的知识面。组织学生参加一些有趣的语文游戏,如词语接龙、成语接龙等,增加学生对语文的兴趣。

学校和教师可以制订课外延伸活动的计划,明确活动的目标和内容。学校可以组织学生参加各种课外延伸活动,如读书活动、写作比赛等。教师可以鼓励学生积极参与课外延伸活动,提供必要的支持和指导。学校和教师可以对学生的课外延伸活动进行评价,鼓励优秀的学生,激励其他学生。通过参与课外延伸活动,学生对语文的兴趣得到了提高,更加愿意主动学习语文知识。课外延伸活动的开展使学生的语文能力得到了提高，特别是阅读、写作、口语和听力等方面。课外延伸活动不仅提高了学生的语文能力，还培养了学生的综合素质，如思维能力、创新能力和合作能力等。课外延伸活动是提高学生语文能力的有效途径，学校和教师应重视课外延伸活动的开展。课外延伸活动应与课堂教学相结合，相互促进，形成良好的学习氛围。学校和教师应根据学生的实际情况，制定合理的课外延伸活动计划，确保活动的质量和效果。学校和教师应鼓励学生积极参与课外延伸活动，提供必要的支持和指导，激发学生的学习兴趣和动力。

七、布置作业

作业布置是巩固学生在课堂上所学知识的重要手段。通过作业，学生可以将课堂上所学的知识进行巩固和运用，提高对知识的理解和记忆。作业布置是培养学生学习能力的重要途径。通过作业，学生可以培养自主学习的能力，提高解决问题的能力和思维能力。作业布置是激发学生学习兴趣的重要手段。通过合理的作业设计，可以引导学生主动参与学习，增强学习的主动性和积极性。作业布置应该明确目标，使学生清楚知道完成作业的目的和要求。目标明确可以帮助学生更好地理解和掌握知识。作业布置应该根据学生的实际情况，适度安排作业的难易程度。作业过于简单会让学生感到无聊，作业过于困难会让学生感到压力过大，都不利于学生的学习。作业布置应该多样化，不仅包括书面作业，还可以包括口头作业、实践作业等形式。多样化的作业可以激发学生的学习兴趣，提高学习效果。作业布置后，教师应及时对学生的作业进行批改和评价，给予学生及时的反馈。及时反馈可以帮助学生及时发现和纠正错误，提高学习效果。

作业布置应该合理安排时间，避免作业过多或过少。作业过多会让学生感到压力过大，作业过少会让学生感到无所事事，都不利于学生的学习。作业布置应该明确要求，使学生清楚知道完成作业的具体要求和标准。明确的要求可以帮助学生更好地完成作业，提高学习效果。作业布置应该灵活多样，不仅包括选择题、填空题等传统形式，还可以包括阅读理解、写作等多种形式。灵活多样的作业可以激发学生的学习兴趣，提高学习效果。作业布置应该根据学生的实际情况，进行个性化设计。不同学生的学习能力和兴趣不同，作业布置应该根据学生的实际情况进行差异化设计，以满足学生的学习需求。

作业布置应该避免重复，不要将相同类型的作业反复布置。重复的作业会让学生感到枯燥和无聊，降低学习兴趣。作业布置应该关注学生的实际情况，不要过分追求作业的数量和难度。关注学生的实际情况可以帮助学生更好地完成作业，提高学习效果。作业布置应该鼓励学生的创新思维和创造力。可以通过设计开放性的作业题目，鼓励学生进行思考和探索，培养学生的创新能力。作业布置应该与课堂内容相结合，使学生能够将课堂上所学的知识进行巩固和运用。与课堂内容相结合的作业可以帮助学生更好理解和掌握知识。

第三节　初中快乐语文的阅读教学策略

一、初中语文阅读教学理念

（一）生本与文本理念

1. 生本理念

（1）生本理念的概念

生本理念又称生本教育理念，主要是指在教学活动中，教师真正地将学生作为教育主体，为学生设计教学内容和流程。生本教育的主要理念为：一切为了学生，并在教育中尊重学生的想法，依靠学生。生本教育理念实验在我国学校中开展以来，产生了巨大的影响，引起了教育界的广泛关注。

生本理念与传统教育理念不同，是一种新型教育理念，能够使教育者在教育过程中认识到教育的真谛，在教育过程中，首先考虑被教育者的发展，从而全面提升教育水平，享受教育的乐趣。生本理念主张在对学生进行教育时，实现师本教育转向生本教育，即将教师的"好教设计"转向为学生的"好学设计"，实现学生积极、主动、乐观的发展。此种新型教育理念有效地促进了我国学生的健康发展，为我国发展培养了很多的优秀人才。

（2）生本理念价值观与作用

人具有与生俱来的语言系统、思维能力和创造本能。初中学生处于人生发展的重要阶段，在此阶段对其进行正确的教育，能够使其受益终身。因此，我们在对初中生进行教育时，形成全新的教育机制，可促进生本理念在教育事业中快速发展。生本理念的教师观主要体现为教师是生命的"牧者"，在教学中将知识转变为知识链，为学生的学习创造可能性，促进学生积极进行学习，并运用科学的教育手段，激发学生的学习兴趣，在教书育人方面，能够实现两者共存。生本理念的教学观主要是，教师在教学中引导学生进行自主学习。生本教育课堂区别于本本、师本课堂，其是一种体现人的发展的特殊课堂。教师在组织教学中，应鼓励先学，以学定教，在开展教学活动时利用各种教学手段，如小组学习、合作学习等，提升学生的自主学习能力。

生本理念的提出与知识教育相比，更容易体现出教育以情感为主。生本教育理念认为，感悟是人精神中的主要标志，并且学生的学习中心应以发展感悟为主，学生在积累知识的同时促进自身形成感悟。生本理念提倡在教育过程中淡化考试，但由于我国受应试教育影响，在教育过程中容易以分数评价学生的学习，对成绩不理想的学生造成心理伤害。因此，生本理念要求减少考试评价，在学生成长期间不对学生的正常发展进行干预。学校在对学生进行教育评价时，应结合实际，不应运用分数评价学生的好坏，应考虑学生的综合能力，并鼓励学生之间进行良性竞争，从而不断提升学习成绩。

（3）初中语文阅读教学中的生本理念

关注人的未来，着力于初中学生生命成长和终身发展所必需的阅读志趣、习惯、能力和方法的培养和优化。从这个意义上说，教师应该提高阅读教学的立意，摆脱世俗的功利追求，既要追求显性提高，更应追求隐性的渗透和积累；既着力于初中学生阅读水平发展的眼前效益，更应注重他们阅读素养发展的长远效益。

突出初中学生在阅读体验和感悟、理解与评价中的主体地位。学生在欣赏作品的过程中，会经受情感的熏陶，获得生命的体验，领悟生活的真谛，并在不断的熏陶感染、积累沉淀、揣摩玩味中提高理解能力和阅读品质。因而，一方面在教学构想上要从单纯重视教师的"教"转变到既重视教师的"教"又重视学生的"学"上来。教师既把学生的"学"作为"教"的起点，也作为"教"的终点，为学生的自主阅读创设立体情境，构建动态"支架"，实现教师的"教"使学生"更好地学"和"学得更好"。另一方面，教师不应过于追求学生阅读答案的"标准化"和"准确性"。许多问题因观察的角度不同，答案往往不止一个，强求统一违反了事物的多样化规律；学生当前的体认能力也许只能感悟理解到"这个"层次，甚至有时学生的理解可能是十分粗浅、偏颇抑或是错误、荒谬的，强求正确得当或更高、更深都会是缘木求鱼；教师刻意要求标准的答案，学生知道了答案，但并不等于理解了文章，反而会阻碍学生阅读理解能力的提高。

　　遵循初中学生的阅读心理规律。首先是探奇心理。初中学生对自身生活经验外的世界往往充满了好奇，教科书上的课文作品大都凝聚了作者的创造智慧，在生活视角、选材构思方面，在形象塑造、情景表现方面，或在思想意蕴、语言表现方面，都有独特的个性和亮点。这些个性和亮点会赢得初中学生的青睐，并使学生产生对其形成因果表里的探奇诉求。阅读教学就需要正确把握学生的兴趣关注点、情感激发点、思维聚焦点和疑难困惑点，为学生的"探幽揽胜"创造空间和机会，以满足这种原生态的阅读诉求。其次是反刍心理。学生对文章的阅读理解具有层次性，最先表现为初读过程的先后，一般来说，符号辨认在前，文字理解在后。然后表现为再读视角和深度差异，即学生对一篇文章的把握不是一次阅读完成的，而是需要经过多次反复的揣摩反刍，其中既有角度的变换，也有层次的递进。因而现代文阅读设计问题情境要适应这种反刍的规律，展现阅读过程中在不同角度、不同层次上生成的成果。最后是观照心理。学生不是被动地接受阅读信息，也不是麻木不仁的"看客"。在阅读的过程中，学生体味课文中蕴含的思想情感的同时，伴随着对自己生活经历的观照与反思，从而获得对文本内涵及自我人生的感受和领悟。阅读教学要创设情境和平台，形成学生与文本、作者的情感交流、思想对话的多维互动态势，有效促进学生的心灵成长和精神建构。

　　要包含初中学生阅读认知的"最近发展区"。阅读教学应改变以教师阅读水平作为文本解读"参照主体"的传统做法，而要把阅读主体转移到学生上来，要深入研究学情，设身处地从学生的认知能力、生活经验、阅读诉求出发，预测学生的阅读过程、阅读收获与阅读困难，由此确定教师教的内容、重点以及相关策略。其中，特别需要重视的是正确把握学生"愤""悱"之处，于无疑处设疑，无难处生难，因势利导，启智扬思，适当提高思维的含量和表达的难度，以此促进学生学科意义上阅读能力的提高。

2. 文本理念

文本理念是指阅读教学需要"以文为本"。

（1）尊重文本的原生意义

尊重文本的原生意义，也就是尊重作者原本创作的初衷，将文本中表现的事物还原到本来的面目，这是文本意义生成的客观规定性。文学作品的教学尤其需要如此，这就需要教师在指导文本阅读的过程中，不能只强调外在的社会环境和读者的视角，而忽视内在的文本自身的视角；只强调同时期同类型作品的共同特点，却忽视作品各自的个性；只追求作品的一致性，而忽视它的独特性。教师要从对作品宽泛的解读构思中跳出来，重视微观的、有的放矢地解读，根据作品所表现的生活和各种形象内涵提供的信息，通过探索、归纳、提炼，把作品所表现的原生的形态推断出来，然后与作品所表现出来而形成的文学形象进行比较，寻找不同之处，形成它们之间的对立关系，展开作品探究，发现其中的奥秘和精髓。

这种还原大致可从两个方面入手：一是将文本艺术形象，通过由此及彼、扩展生发还原，并利用还原得来的生活事实与进行了文学化的艺术形象两者的对立，设置和确定研究方向；二是将作品置于能比况之情境中，如感性与理性逻辑的对比，艺术含量与生活价值的衡量，相异时间背景的差别探究，文本与相同题材中相异体裁、相同流派的不同个性的对比等，由此设置探寻方向，积极追寻文本的原生价值，充分尊重文本的原生意义进而做到合理、客观的解读。因此，课文教学中尤其需要做到"知人论世"，反对没有依据的"过度阐发"甚至"无中生有"。

（2）着眼于语文本体

任何学科教学其本质只有一个，那就是"树人"，但这并非模糊不同学科担负的"职责"，应该在语文教学中彰显语文本体思想。"语文本体"

即语文本质、语文本真，是语文学科区别于其他学科的特有属性。这个"特有属性"包含以下三个层次。

第一层次为"语言"。语文课程是一门学习语言文字运用的综合性、实践性课程，如果脱离了语言文字的学习，也就脱离了语文课程的本体。在阅读中，作品的语言至少具备两种身份，第一种是披文入情、沿波讨源、因语见理的凭借；第二种则是理解领悟的对象，即语言文字就是感知领悟的内容所在。在这里正确处理"言"同"意"的关系就显得十分重要了。阅读文章要直接接触字、词、句、段、篇、修辞、逻辑等语言符号，与之同步的还伴随着体会作品语言包含的多种思维、多样情感、复杂思想意念等心理活动。可见，阅读进行中自然有"意"的存在，可以说"言"不能离开"意"，否则"皮之不存，毛将焉附"。阅读教学可以这样处理"言"同"意"的关系：第一，因言解意，引导学生触摸语言，解读文本，从语言文字之"外"走进文本内容之"内"，从领悟语言开始，获得对文本形象、情感、思想意蕴的认识理解；第二，以意释言，在初步领会了作品所承载的思想内涵前提下，反其道而行之，以文本所表现的形象、思想、情感等，领悟和破解作品语言文字的表达功用；第三，驱言表意，即在阅读中，阅读者用自己的语言表达解读文本的感受或看法。

第二个层次为"言语"。言语即传达思想情感的个性化载体，是自由表达，它强调语言表达的主体、表达形式与技巧。言语主要体现文本"怎么说"，包括作品的运思、写法技巧和语言运用。因而，在初中阶段的阅读过程中，教师应引导学生关注作品体式。重视作品体式不是拘泥于静态的文体知识，而是要重视作品不同的功用价值，正是由于功用价值的不同才有了与之相应的作品体式，而不同的体式有效地彰显了作品的功用价值。

第三个层次为"对语"。它彰显语言文字的交际属性，显示语言文字的现实性、诉诸性、完成性、情态性、回应性等特征，它重视作品与阅读者之间"思想""情感""智慧"的交流，并对"为什么这么说""这么说有什么表达效果""换一种形式或方法会怎样"等问题进行讨论。语言的"对语"特质启示教师，要建立学生与作品之间的"对话"关系。对于文本的理解与感悟，如果学生只是以旁观者的身份单纯地去读、赏、评，往往失之肤浅和轻淡，很难进入文本所表现的情境和作者的思想深处，毕竟作者、文本与学生隔着一定的距离。而要使初中阶段的学生产生深刻的体验和认识，就需要创建活动载体，让学生走进文本，体验角色，融入情境，与作者、作品中的人物、情境展开对话交流，以达到深度体验、深刻领会的目的。需要特别说明的是，教师需要改变过去那种把语文当作一门知识性和纯理性学科的状态，反对以研究语言取代学生感悟领会语言，以至以语文知识和理性分析，剥夺学生自主感悟领会语言的不良现象，要将阅读教学的重点转到组织和促进学生学习语言上来，在涵泳、揣摩、品味、吸收语言的同时，使学生受到作品语言所蕴含的思想营养、人文精神和精湛艺术的影响和陶冶。

（二）个性与多元理念

1. 个性理念

（1）个性理念的概念

"一千个读者就有一千个哈姆雷特"，这是对个性化阅读最好的诠释。所谓个性化阅读就是指在阅读教学中，教师采用行之有效的教学策略，以满足学生个体化需求为着眼点的教学方式，针对学生个人的喜好和不同的学习兴趣，量身定做教学内容，让学生能拥有更充分的时间进行思考和探索，对所阅读的材料能发表自己独特的见解，促进学生个性化阅读的发展，使课堂涌动思维的火花。

（2）初中语文阅读教学中的个性理念

让学生真正拥有自主实践的机会。初中阶段的学生是具有独特个性的人，教师应注重学生发展的主动性和差异性，在课堂上保证学生有自主表现和发展的时间和空间，为每个学生提供积极参与课堂学习的机会。阅读活动可让学生把主要精力放在阅读文本上，阅读时以原有知识结构为基础，进行不同层次的读，按照读通、读懂、读好、读熟、读深的程序完成全程阅读。教师在指导学生阅读文本时，让学生通过不同形式的阅读，完成课文学习。如何让学生真正拥有自主实践的机会呢？一是留足时间。教师可根据年级、学情、教材的特点，规定每节课的阅读时间，并让学生进行自我监控。二是全员参与。语文课堂教学应调动全体学生参与，不能变成少数学生表演的小舞台。特别是阅读欣赏课，要让全班学生都有展示的机会。

让学生自由地选择阅读方式。让学生真正自由地选择阅读方式，教师一是可以鼓励学生选择适合自身发展的个性化阅读方式。初中学生的年龄特点决定了他们的个体阅读具有独特性。教师不应以成人化的、大众化的模式要求学生，只要他们处于内心与文字的交流状态，就应支持他们的个性化阅读方式。二是可以倡导合作探究的阅读氛围。教师在阅读教学中，更应培养初中学生的问题意识，给学生一个学习平台，鼓励学生有问题随时提出来，给时间、给机会，引导学生自主探究。

让学生敢于发表独特的阅读感受。在教学中，虽然教学步骤是一致的，但学生在教学过程中的表现却是千差万别的，他们思维活动的方式不同，情感活动的样式各异，意志活动的强弱也不一样。由于每个人的知识经验不尽相同，阅读后的感受也各有差异。因此，教师在阅读教学中应做到：让学生自己对课文内容的领悟取代教师对教材的分析；让学生自己的独立思考取代统一答案；让学生自己的感性体验取代整齐划一的理解指导。当学生有了个性化体验后，教师要与学生共同讨论哪些理解最合理、哪些不合理，鼓励学生大胆发表自己的独特感受。

让学生自由地选择课外读物拓展阅读。为了使学生能大量进行课外阅读，教师要进行相关阅读方法指导。一是"趣"字引路，博览群书；二是指导方法，保证质量。具体可以参考以下三点：提早安排略读、速读训练，并鼓励学生尝试运用。加强实践锻炼。可以通过开展"读书节"活动，激发学生课外阅读的积极性，使学生的读书能力在阅读实践中得到锻炼和提高。指导学生做好笔记，养成"不动笔墨不读书"的良好习惯。

让学生在活动中充分展示自己的阅读个性。以活动为载体、以展示为目标是个性化阅读教学的重要策略。学校可以通过开展丰富多彩的阅读活动，让学生的阅读个性得以自由充分的展示，如开展读书笔记和手抄报展评活动，展示学生的阅读成果；开展经典诗文朗诵活动，充分展示学生的阅读风采；开展作文比赛活动，展示学生阅读和表达的迁移能力。

让学生大胆地进行自主评价。学生从评价他人到自主学习的全过程往往比教师讲、学生被动接受的传统教学方式更能体现学生的主体作用。所以，倡导初中学生自我评价是阅读个性化行为的重要内容。教师可以采取三种方法教会学生评价的方法：一是建立课堂评价的常规，二是让学生掌握评价的语式，三是指导学生掌握评价的基本形式和方法。多元评价：即让学生围绕问题，从不同角度采取不同的方法解决，目的是培养学生多向思维的能力。比较评价：即当问题的答案出现两种不同意见时，让学生进行比较，意在培养学生辨析的能力。补充评价：即在听取别人的发言后，在赞同的同时，补充自己的意见，这主要培养学生思维的完整性。建议性评价：即对解决某些问题提供参考意见，或针对不足提出解决方法，主要是培养学生群体合作的精神。争议性评价：即对问题的答案提出异议，据理力争，主要是培养学生大胆发表独特见解的意识，培养创新精神。赞赏性评价：即赞同别人的意见，并说明自己赞同的理由，主要是培养学生的审美意识。

2. 多元理念

（1）多元理念的概念

阅读教学中的多元理念，要求教师尊重和关注学生的个性差异和他们不同的学习需求，保护学生求知的好奇心和创造性思维，并在包容、开放的学习氛围中开展阅读学习，共同完成阅读教学任务。在这个过程中，民主平等的师生关系至关重要，没有它就没有课堂上师生情感的交汇融合，就没有师生心与心的联通。而只有突出学生主体，发扬学生主人公精神，展现学生个性，才能有效促进学生阅读能力的发展。

例如，关于《散步》一文，学生对文章主旨的理解可以有多种：可以是家庭生活的和谐温馨、尊老爱幼的美好品德、生命的规律、人生的责任、生活的和谐等。其实，这些就是作品传达出来的思想，教师没有必要否定他们。在解读文本过程中，学生的思想产生了猛烈碰撞，从而有所发现，有所否定，有所突破，有所创新，他们获得认可和赞赏，也就获得了成功的快乐，焕发了生命活力，更加充满自信。

（2）初中语文阅读教学中的多元理念

多元解读是由文学性文本的特征和阅读心理规律所决定的，也受文学文本自身的多元性和教学解读的多元化特点支配和左右。

文学文本思想艺术价值具有多义性、多元化和变化生成性。一是作品产生后，本身就带有多种思想内涵，这是由社会历史生活的丰富多样性以及作者思想倾向的复杂性造成的，在客观上对文本解读提出了多元多向的诉求，而且文学表现的模糊性、丰富性、陌生化特点，给文本留下了许多空白，这当然为阅读者的解读提供了广阔的发挥空间，留下了个性解读的自由。文学文本的模糊性、丰富性、陌生化，其可贵的价值当是学生在阅读过程中获得种种不同的理解，这也显示了文学文本蓬勃的生命力。因此，文学文本的阅读教学更应该追求解读的多元化，要尊重学生的个性化理解。教师不应拿专家和权威的解读来代替学生的解读，不应照搬教参上的说法灌输给学生，不要让学生钻进教师设计的"套子"，要以文本为基础，扩展阅读视野，积极进行联想和想象，个性化还原作品的真实意义。二是虽然作品都是特定的生活环境、思想意识、生活历史的再现，均有历史性、地域性和个性色彩，但是它们常常真实地表现了社会生活的本质属性，或者其思想内涵具有超时间、超空间的普遍性，代表了不同时期、不同地域、不同人们共同的或相似的思想情感，而这种共同或相似又被当前的阅读者赋予了新的意义内涵，而这些新的意义内涵也是多元解读的重要结果。

阅读主体存在差异性、复杂化的情况。由于生活视野、认知水平、阅读经验的差别，每一位学生对文本的阅读感受会有不同，所关注的重点也会有不同。即使对同一个文本，不同的学生在同一教师的引导下，也会产生不同的理解和感受，甚至同一个学生在相异的时空环境里，对同一文本的理解、认识、感悟也会有所不同。这都是合乎正常规律的，教师应注意鼓励学生并创造条件展示其对文本的个性化理解。从这个意义上说，课堂教学不应追求学生对问题答案的整齐划一，否则就是削足适履和缘木求鱼。

正是由于文本客体和读者主体的共同作用，多元解读才成为可能。在这种理念指导下，教师应该为初中学生的自主阅读感悟提供充分的空间，解放学生的大脑、嘴巴和手脚，增强阅读的深度和广度，培养学生良好的阅读品质；善于发现问题、敢于提出问题、合理解决问题的能力；创造性和批判性思维能力；有效体悟阅读经验和方法。

（三）感性与理性理念

1. 感性理念

（1）感性理念的内涵

感觉到的，也就是感性认识，是在实践基础上，由感觉器官直接感觉到的关于事物的现象、事物的外部联系、事物的各个方面的认识。感性认识有感觉、知觉、表象三种形式。人作为主体在认识客体的过程中，首先是主体的感觉器官对客体的外部特征产生相应的感觉，再通过知觉对客体各个外部特征所形成的感觉进行统合，由此主体形成了关于事物外部特征的整体印象。在感性认识阶段，主体还能通过表象把感知过的客体在大脑中"回忆""再现"出来，感性认识从感觉到知觉、到表象的过程，就是人认识事物外部特征的过程。

与情绪的易变相比，感性认知更倾向于一种稳定的、深层的心理态度体验，社会性和人文性更强。"感性理念"是一个与"理性理念"相对的概念，是指在教育教学过程中，教育者根据相关教育学和心理学理论，在充分调动学生智力因素的基础上，更加强调通过发挥情感因素的积极动力作用，优化课堂教学效果，全面实现教学目标。感性理念主要关注教育过程中学生的态度、情绪、情感以及信念，以此来促进学生的个体发展和社会的健康发展。在完整的教学过程中，运用感性理念是一个必不可少的组成部分，它不仅是完善教学目标的一种辅助手段，更是一种"人本"的教学理念。教师通过运用感性理念，创建民主和谐的氛围，给学生充足的创造空间，有助于学生充分发挥主观能动性。合理、适当的感性理念教学也能够使学生愉悦地进入学习状态，提高学生的积极性和学习效率，建立正确的审美观，对善恶、美丑做出基本的价值判断和评价。

相对于自然科学学科，语文具有感性特征，一方面表现为形象性，另一方面表现为情感性。阅读文本无论是写人叙事、写景状物，还是说明事物、阐述观点、抒发情感，都是生动形象、具体可感、清楚可见的。写实作品运用语言文字呈现各种事物和现象的属性特征，文学作品则用艺术语言和表现手法再现生活的本质特征。不管哪种作品都是现实生活的反映，而现实生活是形象具体的。阅读者通过语言文字并借助自己的生活经验和联想想象，还原生活的本来面貌，走进文本中，体会这些感性形象所包含的思想意义。

（2）初中语文阅读教学中的感性理念

语文的形象性特征要求在文本解读过程中，首先要重视诵读感受。文本所表现的具体形象、生动活泼的社会生活都通过语言文字传达出来。

所以，阅读教学有必要让学生实际"触摸"文本语言，将语言文字的声、形、义及由此建构的生活面貌展现出来。其次要使文本所表现的情境再现出来，将作品所描写的形象借助联想想象创造出来。学生在阅读作品的过程中，必然要"披文入情，沿波讨源"，展开联想和想象，"呈现"作品所表现的社会生活情景或某些形象特征，这是破解作品思想意蕴的必由之路。最后要重视与文本的"对话"。新课程不但要求学生以"阅读者""鉴赏者"的旁观者身份理解文本，还要求学生走进作者、走进文本、走进具体的人、景、物、事，并与之展开"对话"，达到与文本近距离接触，以角色体验文本的目的。

初中语文阅读教学不仅要让学生开拓生活视野，在阅读中学会阅读，还应当在这个过程中对学生进行情感的渗透和熏陶，即施以心灵的影响，否则就不能称其为"语文"的教育。一名教师，首先应该是一位热情洋溢、感情饱满的人，是一位善于投入情感、敏于发现动人之处的人，能让自己的生活经常充满热情和激情；其次还应该是一位善于创造感动、善于激发他人情感的人，在语文教学中就是善于培养学生的情商，发展学生的情感感受力和情感鉴赏力。既要能使自己受到感动，还要能使别人受到感动，这当然需要一种情感智慧和情感激发艺术。事实上，如果在语文教学中教师能够以情动人，那么就比较容易使学生进入文本情境，体悟文本思想情感内涵，收到事半功倍的成效。语文的人文性特征需要教师在阅读教学中更加关注文本所包含的精神因素，以及学生的心灵与情感从中受到的影响，通过文本、教师、学生之间的多维交流，使学生获得丰富多样的感悟。在阅读教学中，教师的作用和价值就是要促进学生走进文本中的生活情境，走进作者的思想领域，走进文本中的人物心灵和情感世界，感受作品的情感脉动；要使学生进入作品所表现的情境，如见其人，如闻其声，如临其境，这样才能和作者交流起来，与作品互动起来，也才能真正产生思想的共鸣、情感的碰撞。心灵、思想、情感的融合才能使学生深入把握作品的灵魂，也才能对作品形成整体而深刻的理解，才能受到美的感染与感动。

语文的情感性特征对语文阅读的情感教育提出了诸多方面的诉求。

首先，任何学科的教育目的都是"立德树人"，语文教学也不例外，即通过读写教学培养学生高尚的道德情操，塑造美好的人格品质。初中学生的年龄特点决定了其可塑性强的性质，这个阶段的学生，对世界充满着疑惑和好奇，他们的思维和情感十分活跃，对生活中的真善美和假恶丑具有初步的认知，包含着正确与错误、全面与偏颇、成熟与天真，这些处在不断成长发展中的情感和思想需要激浊扬清、抑恶扬善，需要正确地疏导和匡正。

其次，情感的熏陶感染是语文教学不可或缺的组成部分，借助阅读欣赏活动，引发和历练学生的情感智慧、情感品质和情感体悟能力，从而使他们对祖国语言文字，对自然、社会和人生产生积极的情感体验，进而形成独立健全的个性、高尚完美的人格和积极向上的情感态度价值观。初中语文阅读教学便是利用一部部、一篇篇饱含作者深情和哲思的作品，拓展学生的生活视野，感受多样的生命色彩，积极作用于学生对社会、人生的感受和体验的。因此，教师在阅读教学中，要寻找打开学生情感大门的钥匙，探寻激发学生情感智慧产生的有效途径，使学生在阅读中获得精神的陶冶、心灵的滋润和情感的感染。

2. 理性理念

（1）理性理念的内涵

所谓理解了的，即理性认识，是指人们通过抽象思维，在对大量感性材料进行加工整理的基础上，达到关于事物内部之间的联系、本质和事物自身规律性的认识。理性认识有概念、判断、推理三种形式。理性认识首先通过抽象思维揭示出同类事物的本质特征，得出该事物的概念。当人们说出一事物具体为何时，不仅仅揭示了该事物的本质，还将该事物和其他事物之间的关系做出了判断。判断是展开了的概念，明确了一事物与其他事物的联系，而推理则是从已知判断通过思维推出未知的判断。所谓未知，就是事物未来发展的方向和趋势。在理性认识中，从概念到判断，再到推理的过程，即主体从一事物的本质特性出发，发现该事物与其他事物之间的联系，并从已知联系中推出事物未来的发展方向和趋势。理性认识从概念到判断，再到推理的过程正是人类揭示客观世界本质的过程。

语文本身具有的客观性、确定性、规律性、逻辑性、批判性等特征，构成了语文的理性。阅读教学应关注、寻找并凸显文本的理性因素，感受文本所具有的真实性、准确性、科学性，重视文本的逻辑力量，探寻文本的普遍性意义，能冷静客观地表述学生个人的思想见解，使其理性、智慧地进行学习并健康地成长。阅读教学通过指导语言学习，使学生理性地认识文本思想艺术价值，培养理性思维，变得更加富于理性和智慧。

理科可以通过具体的范例推演出具有普遍意义的概念、公式、定理，由此出发便拿到解决一切具体问题的金钥匙，遵循万变不离其宗的原则，归纳演绎，触类旁通。如果把具体的语言归纳为一种现象、法则、技巧，然后用这个"公式""定理"去理解、运用语言文字，结果会怎样呢？事实证明是行不通的。然而，如果只注重语文的"感性"，那么，语文就成了随意游荡的飘絮飞花。语文有着个性化、不确定性的特点，阅读教学也很需要体验、感悟、吟咏、意会、遐想，需要个性、多元理解，但这只是它的一面，它还有理性的一面。

事实上，语文学习过程不能没有理性思维参与，如理解、质疑、批判、思辨、探究、推断等，这些可称之为语文的科学理性，它是一种高级的思维品质，是影响一个人语文发展的思维能力。因此可以说，语文学科是科学主义与人文主义、科学理性与情意感性相结合的科学。其科学理性也体现出语文课程的母语本质，那就是诗意的回归、生活的感悟和生命的体验。因为汉语言文字体现出汉民族特有的重视感悟、偏倚意会的思维特点和崇尚大气、以神驭形的审美取向等，这些都需要通过理性的参与去领悟。学习语文既是对人生的反思，又是对文化的传承和扬弃。

（2）初中语文阅读教学中的理性理念

①科学性

科学性包括阅读教学内容的正确选择、活动载体的有效性、多维交流的积极价值取向、教学促动的有效策略和教学方式方法的合理性，更包括教学构思的巧妙与切实。阅读教学需要考虑过程是否合乎主体特征和客体需求，师生的教学活动要"科学""有道理可言"。

首先，正确确定起点。确定教学起点的前提是教学内容的确定和学生认知能力水平的预判。教学的起点看上去是孤立的，但实际上与整个教学过程密切相关。比如，《孔乙己》的教学起点是"孔乙己脸色的变化"，这个起点可以将孔乙己的脸色与其生活遭遇以至命运联系在一起，进行整体感知，同时可以将孔乙己脸色与周围人的表情联系起来，进而解读文中众人"笑"的前因后果及背后隐藏的深意，再由此探究孔乙己被笑的原因及其自身性格的特点，最终揭示孔乙己悲剧的原因。

其次，构建富有逻辑性的教学过程。教学过程的推演，既应切合文本客体资源的固有逻辑，更要重视学生解读的心理规律。教师要对教学内容和教学活动做整体筹划，构建逻辑连接，将各种孤立的活动有机联系起来，让立体的活动整体推进。如《范进中举》设计的教学过程为：第一，街谈巷议，整体感知。根据教师对课文内容的理解，请学生以范进乡邻知情人的身份，把"范进中举"这个"奇闻异事"告诉谈天的乡亲们。第二，再现精彩，巅峰体验。思考将"中举发疯"部分内容按照发疯的过程分为几个层次，这样写有什么好处；自己选取其中的一个层次朗读出来，以小组为单位合作演示，或者把相关情境读出来。第三，探究"变化"，欣赏形象。梳理范进中举后哪些方面变"好了"，欣赏对范进态度变化最大的人物的言行细节及所体现的思想性格。第四，寻根求源，管中窥豹。辨析文中人物"变"与"不变"的关系，对"范进中举"作悲喜剧性质的探讨。这个教学过程由街谈巷议的整体感知，过渡到发疯情境的再现，并由其中的两句话"好了""好"推展开来，探究范进中举前后的生活状况及性格变化，再跳出故事本身，理性思考其社会意义。这个过程既起伏曲折，又由表及里、由浅入深，体现出前后勾连、层层递进的逻辑性，使学生对文本的感悟顺理成章。

最后，建立问题之间的逻辑联系，促进阅读高效生成。构建问题设计的逻辑联系，是提高阅读生成的必要前提，问题应该指向文本最重要的教学资源，它是文本的核心教学价值所在，或者学生难以发现的亮点所在，要把这些问题有机联系起来，形成层层推进的教学结构。只有遵循这样的思路展开学习，才会学有所悟，思有所得，感有所益。

②确定性

确定性在阅读教学中主要反映在两个方面：一是文本意义的确定性，二是学生理解的准确性。即便文学作品也有确定性、公认性的内容，因此，指导阅读要关注作品的确定性，能够正确认识文本的情感倾向、思想意义、创作意图；文本在构思和艺术表现等方面的精巧神妙之处；欣赏作品的语言，在涵泳玩味、辨析领悟中感受文本的思想内涵和艺术魅力。文本自身的确定性应是客观的，阅读教学首先是对这种确定性的认同，并对这些内容要素的优劣、正误、得失做出评价。而学生在理解文本的过程中，对文本情感倾向、思想内涵、艺术技巧、语言运用的认识理解是否合乎客观实际，则属于阅读主体解读的准确性问题。

在《邹忌讽齐王纳谏》中，邹忌在齐威王面前拿家事比朝廷之事劝其广开言路，这种比，如认为是比喻，那就把家事与国事当成性质不同的两件事情，比喻当然是为了增强生动性、形象性和便于理解，如此理解显然有失客观。应该看到，妻妾客之"美"、"我"与臣民之"美"，都关乎盛衰兴亡之事，都涉及上下关系，均与"受蔽"与"除蔽"有关，有的是轻重大小的不同，其本质是完全一样的，因而，邹忌使用类比或者比较的用意在于，使君王于同一类别的事物比较过程中，找到个人存在的问题以及革除受蒙蔽问题的策略。

语文确定性的另一重含义是求真。语文教学以至阅读教学实际上也是求真之旅，包括培育学生勇于实践、乐于探究、遵循规律、追求真理的人格精神。阅读就是倡导学生自主探究，尊重学生独特的体验和个性化理解，鼓励学生做真实的自我展示。理解了真的含义，认识了真的力量，也就领会了人最宝贵的品质，便会逐渐形成求真的优秀品质。

③批判性

批判性以作品为载体，在阅读理解中运用比较、分析、归纳、概括等多种思维方式，多层次、多视角地观察、思考问题，寻求解决问题的多种构思、方案或途径，解放学生的手脚、大脑、心灵，鼓励学生运用创造性思维和批判性思维去思考、解决问题。这就是语文学习的批判性。

培养和促进批判性思维发展十分重要。首先，要以细致深入的阅读为基本途径。要沉入语言文字中，对其中的重要字、词、句、段；重要的细节片段，甚至标点符号进行涵泳咀嚼，发现其神妙之处，领悟其深藏的意蕴。这种"咀嚼""发现""领悟"就是批判性思维的投入。当学生全身心"沉入"文本，并进入其中的角色，融入其中所表现的生活情境，那么，学生的思维就会空前活跃起来，他们就会不停追寻：文本究竟写的"是什么"？到底好在哪里？为何这样去写？如果不这样写会有怎样的效果？作品的写作用意或目的到底是什么？通过探寻，作品内涵得到破解，艺术精髓被解构，同时学生也逐渐养成了批判性思维习惯和能力。其次，教师要善于诱思探究，科学设置问题，有效激发学生的思维活力。或借助学生的疑问，或根据文本资源和教学价值设置问题，要利用学生感兴趣、有价值、有挑战的问题激发学生思维的积极性，为思维历练奠定良好的基础。最后，教师要探究批判性思维运用的经验、方法，养成批判性思维的良好品质。批判性思维只有通过阅读实践并在实践中认真体会才能逐渐形成，要将学生的阅读理解、分析评价、判断推理、科学调整等能力作为重点进行强化，同时要引导学生对阅读活动过程进行反思，将"学"与"思"有机结合起来，梳理经验和有效方法，改革不当的认识和做法。这样初中阶段学生的批判性思维能力和品质就会不断得到增强和提高。

（四）大语文与小语文理念

1. 大语文理念

（1）大语文理念的内涵

语文因其人文性、工具性的特点，在教学中要以课堂为中心，教学目标、课程内容、培养方向应该以此为起点呈现出涟漪式辐射，将与学生学习、生活和职业发展相关的每一个领域贯穿起来。大语文理念侧重于培养学生的综合能力，促进学生多方面的发展，而且语文不局限于45分钟的课堂，也不拘泥于校园，而是把触角延伸到更为广阔的空间。在大语文理念指导下，学生的综合能力获得提升，在应付考试的同时，其实也提升了自己的能力和素养。大语文理念融入学生成长、发展的每一个阶段，在智力发展和非智力发展过程中都占有极其重要的地位，起着决定性作用。

与传统语文学习相比，大语文理念具有更丰富的内涵。一是学习内容丰富。教学内容"多面化"，既包括系统的语文基础知识，还包括实用的语文技能、语文思想熏陶及语文学习习惯等。二是教学方式多样。大语文理念教学法是"把学生引进无限广阔、五光十色天地的教学法，是带领学生在大语文天地中学功夫、练本领、显身手的教学法"。姚竹青老师将大语文教学法根据具体内容分成阅读、作文、演讲、书法、办报等不同课型，进行重点训练，形成"育能人、练能力、设能项、编能序、排能课、评能称、建能会"的"七能"教学法。三是实施途径广泛。大语文的实施是将语文教学与社会生活相结合，引导学生在更宽广的天地里学习语文。它重视课外广泛阅读，重视学生重要的语文能力培养，重视学生在生活中的理解、感悟和体验。四是教学目标立体、全面。大语文通过多种形式的活动，既培养学生听、说、读、写的基本技能，还培养学生阅读、写作、演讲等的能力，也关注学生价值观的养成。

（2）初中语文阅读教学中的大语文理念

①生活化

语文学习的外延等于生活的外延，教师必须树立大语文教育理念，培养初中学生"在生活中学习语文""在生活中能够学习语文"的意识，使学生在语文阅读学习上能够拓展思路，开辟多种途径。教师应使学生认识到，语文的特点性质决定了从课堂、学校学习语文阅读是必须的，却是不完善和不充分的，还必须向自然、社会、生活学习语文阅读，发展语文能力，培养语文阅读核心素养。因此，在阅读教学中，无论建构知识、培养能力，还是开发智力、熏陶情感，都不能离开生活。

课堂是语文阅读教学的主渠道，语文阅读教学必须立足课堂，使学生从课堂教学中领悟方法和经验。以此为基础，初中阶段的学生还应密切关注家庭、校园和周围生活的世界。要通过生活源头活水的引进，增强文本解读的科学性、深度和广度，联系初中阶段学生的生活，去解读文本生活，将课内与课外有机结合起来，这样的语文阅读教学，才是富有生活色彩和生命活力的教学，才能形成时间的持续性和空间的广袤性，语文阅读教学就会变得生动立体且富有生命活力。初中学生不但应"学会学习"，也应"学会生活和生存"，才能为其未来的语文学习和终生的发展奠定坚实的基础。

②人文性

语文的人文性，指语文课程的文化性、思想性和教育性。学生通过语文学习继承弘扬人类优秀文化，接受思想熏陶，丰富精神家园，培育健全人格、高尚情操和积极向上的人生态度，借助语文探求生命的本源、人生的真谛；追求美好的生活理想；塑造优秀的自我；积极投入和改造社会。人文性表明的"人""文"关系，就是"人"与"文化"的关系，语文教学要以"文"化人，以"情"育人，以"智"立人、以"理"醒人。作为文化重要组成部分的语文，自然承载着人类丰富的情感、智慧、意志、品质和思想，阅读者在理解文本形象和客观事物时，一定包含了自己已有的情感倾向和思想观念。初中语文阅读教学的人文性具体表现如下。

涵养灵魂，塑造人格。语文阅读教学用真、善、美来涵养读者的灵魂，通过触摸语言文字发现文本蕴藏的真、善、美，以此熏陶学生的精神品性，使他们在潜移默化中吸收优秀文化的营养，并在与文本文化的交流中促使自己的人格品质逐步得到完善。刘熙载认为"文以载道"，其中的"道"就是思想情智、观念主张，而文章是用来表现和承载"道"的。从写作者角度说，先有"道"，才能成就文章。"道"可以包含在不同的生活内容中，并通过富有个性的语言形式传达出来。从阅读者角度说，阅读语言文字的同时，就自然去领会文章的思想情智、观念主张，而文章在与阅读者思想情感交流的过程中，充分发挥出其"化人""育人""立人""醒人"的功力。

陶情冶性，培养高尚的审美情趣。有人如此描述汉字书法："无言之诗，无形之舞，无图之画，无声之乐。"汉语言文字蕴含着丰富的思想性和艺术性，是我们取之不尽、用之不竭的思想文化源泉。例如，《论语》《孟子》《韩非子》《庄子》《左传》《战国策》《资治通鉴》等诸子和史传经典，其中许多的思想观念作为宝贵的精神财富被当代人珍视和借鉴，成为人们立言行事的规范，这些都反映了语文阅读给予人们的精神教益。至于《诗经》《离骚》《乐府诗集》，唐诗、宋词、元曲、明清小说，其中也包含着的深广的社会生活、丰富的审美意蕴、真挚的人生体验与精到的生命感悟，都可以使初中学生体会到生活的真、善、美。阅读教学就是指导学生在理解鉴赏和感悟中，在发现和解决阅读问题的过程中，去获得对真、善、美的认识，培养真、善、美的精神品质。

③综合性

属性上的人文性与工具性的统一。"工具"是比喻，具有"基础""实用""中介"之义。"工具性"突出了语言运用能力的实用价值和课程的实践性特征，"人文性"突出了其熏陶感染的文化教育价值和精神培育特征，两者的有机统一是语文追求的目标。语文工具不同于一般的工具，一般的工具无论怎样使用，它都不会带有情感和思想，而语文这一工具，一旦使用，它就被赋予了思想情感和观点理念。无论是一篇文章、一段话还是一个词语，都可以展示作者与众不同的情感特点和思想观点。语文的工具性还应包括它是收集、筛选、处理信息的工具，是学习各种学科领域知识的工具，还是很重要的思维工具。工具性既包括语文知识，如有关字、词、句、篇相关知识，也包括语文能力，如听、说、读、写、思相关能力。工具性之所以成为语文最基本的属性，就是因为它将语文与非语文区别开来。非语文学习只注重通过语言理解内容，而语文学习在此基础上还要借助内容领会语言，运用语言表达理解文本意义。人文性以原义务教育语文教学大纲的"思想性"为内核，内涵和外延上有所扩展，包括"思想性"在内，增加了对人类文明和优秀文化的理解与传承，增加了对人的情感、态度、价值观的关注。一个字、一个词语单独存在有意义，但未必有多少意思，而由字、词、句连缀成篇的文章作品，不但有意思，而且成了有"文"也有"道"的整体了，不但具有了工具性，也具有了人文性。从源头上说，人创造了文明，缔造了文化，并不断弘扬文化；同时，文化又滋养了人，培育了人，发展了人。而这种人与文化的互动，促进了历史向前、向更高阶段发展。因此，在语文阅读教学中，教师要真切理解人文性与工具性的统一，并运用到具体阅读教学过程中，从而提升初中学生的阅读素养和阅读能力。

　　课程目标的多个维度。"维"是构成空间的各种因素，多种因素称之为多维。维度与维度之间是融合的，为相互影响的关系。三维目标分别是情感态度和价值观，过程与方法，知识和能力。在初中语文阅读教学中，三维目标并非各自独立，而是一个不可分割的整体，共同指向人的全面优质发展。三个维度缺少其中任何一个，都不能使人获得健全发展。三维目标也是相互依存、相互促进的，缺少了其中任何一项都不能构建学生发展的金字塔。"知识和能力"不能离开"情感态度和价值观"和"过程与方法"而独立存在，它需要学生情感的积极投入，也需要思维的积极参与，而且必须要有实践作为载体。"情感、态度和价值观"只有在学习者有效获得知识与能力、思维发展的时候，才显示出其宝贵的价值。"过程和方法"只有以饱满的情感、向上的态度投入学习，以获取知识和能力为价值取向，才能体现它本身存在的价值。所以，三维目标并非地位相等，也并非价值相等，知识与能力应为教学的重中之重，在追求知识与能力目标达成的过程中，不能不选择和运用最优的过程与方法，于达成知识与能力目标中，不失时机地进行情感、态度和价值观教育。三维目标分别着眼于让学生学会、会学和乐学。

语文阅读素养形成途径的多向化。《语文课程标准》设置了五个方面的课程目标，分别是识字写字、阅读、写作、口语交际和综合性学习。这充分彰显了语文学科的综合性特征，其用意在于表明，学生语文素养的发展不能仅靠阅读和写作，还需要从识字写字的基础抓起，注重学生的口语交际和口头表达能力的培养，注重让学生参与语文实践，开展丰富多样的综合性学习活动。只有通过多种渠道，采取多种手段，运用多种策略开展语文学习，才能取得预期的效果。阅读教学的优良传统要继承，又要开设自主阅读课；既要从收集、筛选、处理信息的角度培养学生的实用阅读能力，又要通过感受、领悟去张扬学生的个性感悟能力；既需要进行一般意义上的思想内涵和语言表现上的理解，还要进行文学作品的鉴赏和审美。

2. 小语文理念

（1）小语文理念的内涵

小语文理念就是要回到语文自身的本质上来，回到作为课程的语文上来，使语文成为我们传承文化、获取积累、习得语文能力、进行思想交流的基础工具，借助语文学习涵养精神品质，提高审美情趣。着眼于课程的语文学习，是学习语文的基本和主要渠道，其外延专指语文课堂教学。语文学科的核心能力为"正确理解和运用祖国的语言文字"，即语言建构与运用，学会读书，学会作文，学会与人交流。母语教育的使命是培养合格的公民，文化的传承、心灵的熏陶、品格的塑造、个性的张扬都是自然融合在母语教育中的。小语文理念就是要追求语文学习内容和过程的明确清晰、具体可行、科学有序，着力于语言的细部，从具体语文现象开始，由此及彼、以浅入深、因小见大，进而形成阔大恢宏的语文教学境界。

（2）初中语文阅读教学中的小语文理念

小语文理念要求语文阅读必须经过长期不懈的积累，积土成山，积水成渊。积累的量度决定语文阅读的厚度和高度，所谓广纳百川，厚积薄发，静水深流。语文是人类认识历史和现实，改造社会和自然世界的工具。离开了语文，人们就难以进行交往、交流，难以进行合作，难以改造人的主观世界和创造美好的客观世界。语文阅读离不开思维，思维也离不开语文阅读，因为思维需要借助语言，语言是思维的工具和直接现实。语言不是在思维产生之后才出现，而是与思维共同产生，看上去很多时候有思维却没有语言，但实际上，只不过是语言没有通过声音和形象展现出来而已，这就是内部语言，而外部语言有时跟思维也不同步，或是思维清楚了，语言未必清楚；或是思维不清楚，语言可能并不混乱。人们在社会生活交往中通过语言传达情感，表达意愿，交流知识，传递信息。同文字相比，语言更富有直观性和情感性。因而，语文阅读教学要从语言出发，提高生活交流中的表达能力，进而提高听、说、读、写的基本语文能力和核心语文素养。语言往往以字、词、句、段、篇来记录、呈现文化文明成果，人们借助阅读文字认识、理解、吸收它所承载的思想意义。人们对生活的认识理解大都是通过间接渠道，因为人们不可能经历漫长的历史，也不可能经历他人所经历的一切。所以人们通过语文阅读进行学习，掌握人类文明成果，获得改造世界的智慧。因此，语文阅读是初中学生人生发展中极为重要的环节，阅读教学也十分关键。初中学生不断打好语文阅读的根基，提升语文阅读素养和阅读能力，才能更好地建造人生理想的大厦。

二、初中快乐语文阅读教学方法

（一）个性化阅读教学

1. 个性化阅读和个性化阅读教学

（1）个性化与个性化阅读

提到个性化，首先想到的是何为个性的问题。在心理学上，个性是个体区别于他人的、在不同环境中显现出来的相对稳定的、影响人的外显和内隐行为模式的心理特征的总和。《现代汉语词典》中，个性的释义为在一定的社会条件和教育影响下形成的一个人的比较固定的特性；从哲学角度上看，个性是相对于共性而言的，是指事物的特性，即矛盾的特殊性；在日常生活中，人们常把与众不同、特立独行看成个性。虽然人们从不同的角度对个性有不同的理解，但简单来说，个性就是个体独特的表现或行为。那么，个性化也就不难理解了，结合个性的含义，个性化就是非一般大众化的且具有鲜明的个人特点的一种表现。从这个层面上来说，个性化阅读也就是区别于传统阅读的一种独特的、具有个性的阅读方式。

经过研究，个性化阅读是指在阅读过程中，阅读者受个体差异、阅读习惯、文本自身特点等影响，对文本内涵进行剖析和深入挖掘后，产生自己独特见解和感悟的阅读方式[①]。而我们所提倡的初中个性化阅读，不仅要关注学生，还应关注教师在个性化阅读教学中的重要作用。在个性化阅读教学过程中，教师的重要作用体现为通过指导学生进行个性化阅读，从而使学生的个性受到积极的影响，让学生的个性受到尊重和保护。

（2）个性化阅读的特点

阅读主体具有自主性。自主性主要是相对于支配性而言的，阅读主体是学生。在传统的阅读教学中，学生往往处于被支配地位，在学习过程中表现为对教师、教材、参考书的权威绝对服从，习惯了"倾听"，久而久之使其缺乏个性化的思想。而个性化阅读充分尊重学生的阅读主体地位，教师"还权于生"，允许学生具有充分的阅读权利，为学生创造良好的"阅读场"。在实际的课堂教学中，教师应引导学生进行自主选择、自主阅读、自主感悟、自主总结，让学生成为有思想、敢创新的人。个性化阅读教学的自主性决定了学生对阅读的绝对主动权，只有让学生带着自己的兴趣、体验和感悟专注于阅读中才能获取更多，只有当学生在阅读中发挥更多的自主性时，他们的思维才能变得更加活跃，成为问题的发现者、探索者和解决者，最终形成个性化的见解。

阅读主体具有体验性。所谓阅读主体的体验，就是体验主体用生命来感悟、验证事实，以此在大脑中留下深刻印象，使体验主体可以在反思活动或实践活动中随时想起的亲身经历，以及对未来的预感。体验主要有两个基本特点：第一是亲历性，也就是阅读主体的亲身经历，这是体验的前提。在个性化阅读过程中，学生全身心地投入文本中，通过阅读文本作品得出自己的独特感悟。第二是主体与客体的共鸣，就是说阅读主体全身心地与文本进行了融合，通过个人的感知理解引发了阅读者与文本及作者之间的共鸣。学生阅读文本之后，与文本本身及作者都会有一定的精神"交流"，当学生完全懂得作者所要传达的思想，并能感同身受时，就证明学生与阅读文本产生了思想的"共鸣"。

---

① 陆琴. 初中语文快乐阅读教学法浅析[J]. 语文世界（教师之窗），2015（11）：20-21.

(3) 个性化阅读教学的概念内涵

通过对个性化阅读相关概念的梳理,以及对个性化阅读特点的分析,可以进一步探讨个性化阅读教学的内涵。《语文课程标准》指出,语文教学要"尊重学生在语文学习过程中的独特体验",帮助学生"逐步形成良好的个性和健全的人格"。个性化阅读教学是教师在充分尊重学生学习主体地位和学生个体差异的基础上,引导学生对阅读文本进行个性化的理解、评鉴和再创造,从而塑造学生健全独立的人格,同时彰显师生个性的一种教学活动。个性化阅读教学的内容不仅局限于单纯的阅读层面,还应落实到学习和生活的实际。虽然当前我们推崇素质教育,但还是要通过教学评价来检验教育成果。所以说,教师还应指导学生在答题过程中将个性化阅读思想体现出来。

2. 个性化阅读对初中语文教学的促进作用

(1) 有助于进一步推进中学语文课程改革

课程改革的重点是以学生的发展作为教学的出发点和归宿,学生是发展的主体。语文课程改革越来越注重提高学生的语文素养,而不再仅局限于关注学生的语文能力。语文素养的涵盖面更为广泛,既包括对学生的听说读写、口语交际等技能性要求,也包括对学生整体素质的要求。也就是说,语文课程在语文基本能力培养的过程中,必然要注重优秀文化对学生的熏染,注重学生的情感、态度、价值观,以及道德修养、审美情趣得到提升,良好的个性和健全的人格得到培养。从新课标的创新可以看出,语文阅读教学更加关注学生的个人感悟。而我们所提倡的个性化阅读教学更加重视学生的学习体验,更尊重学生的主体地位,也就是说,个性化阅读与新课标中的阅读要求是相契合的,推进个性化阅读教学对促进中学语文课程的改革是非常有帮助的。二者相互促进,相辅相成。

(2) 有助于传统教学观念和教学方式更新

在传统的阅读教学过程中,教师与学生之间的关系更像是"传输者"和"接收者",教师以输出为主,而学生以接受记忆为主。这样的教学方式不仅低效,而且从长远来看也不利于阅读教学的发展,个性化阅读教学理念的出现为传统语文教学注入了新鲜血液。个性化阅读教学是教师通过调动学生对阅读文本的"期待视野",利用个性化阅读的体验性和自主性来激发学生的阅读兴趣，培养学生个性化阅读能力，促使学生积极主动地进行阅读学习。所以，个性化阅读教学在语文教学中能够发挥巨大的作用，在一定程度上可以推动传统教学观念和教学方式的转变。

（3）有助于学生创新性思维的培养及独立人格的构建

培养学生发散性思维和创新性思维能力，要求我们开展的语文教育是一种"学问（学会提问）"的教育，而不是"学答"的教育。个性化阅读主体的自主性、批判性的阅读观等特点可以帮助学生更好地"提问"，并敢于质疑、批判，提出自己独到的见解，提出自己在阅读中的遇到的难题等。在这一过程中，学生的思维会不自觉地发散，产生越来越多创新性的想法和见解，学生个性也得以充分张扬。所以，倡导个性化阅读是十分有必要的，通过良好的阅读，能够使学生的发散性思维和创新性思维得到更好的拓展。学生的个性得以发展，也就直接促进了学生独立人格的构建。

3. 初中语文个性化阅读教学的策略

（1）对话文本重视学生诵读

"书读百遍，其义自见。""熟读唐诗三百首，不会作诗也会吟。"可见诵读是语文学习的基础。诵读就是"口而诵，心而惟"，出之于口，入之于心，是通过朗读文本的方式，对话文本、感悟文本，结合自己的生活体验对作品进行再创造，所以语文教学应重视诵读，还语文课堂琅琅的读书声。诵读时应注意目标明确、具体，方法灵活、多样，过程合理、有层次，充分发挥学生学习的主体地位，让课堂充满浓浓的语文味。围绕教学目标，教师既可采用全班读、分组读、男生读、女生读等多种朗读形式，也可引导学生根据需要采用多种的朗读方法，如浏览、美读、跳读、悟读，从读整篇到品读重点段落和关键字句，由面到点，由表及里，由浅入深地感悟文本。

在诵读教学中，学生以读促学，以读促思，以读促悟，潜心会文，认真思考。通过诵读文本，学生不仅了解文章内容、品味语言特色、体会蕴含的道理，获得人生的启迪，还培养了语感，受到精神的洗礼，享受到审美的乐趣。

（2）丰富活动彰显学生个性

在语文教学中，教师可通过设计丰富有趣的活动，让学生在具体的活动开展中表达他们的所思所想，尽情展示、彰显个性。这样既关注了学生的个体差异，保护学生的好奇心、求知欲，又鼓励学生自主阅读，培养了他们团结合作、勇于创新的精神。活动环节的设计应由浅入深，从梳理内容到自我表达，再到加工创新，学生亲身实践，独立思考，变被动接受的学习方式为主动探究的学习方式，从听众转变为积极自主的参与者。

（3）巧设问题促进学生探究

教师应善于根据文本内容及学生认知水平精心设计问题，让学生带着问题走进文本，以问促学，引导学生"生疑""质疑""释疑"。通过有梯度的问题，培养学生发现问题、分析问题、解决问题的能力。授之以鱼，不如授之以渔。学生在解答问题时自主、合作、探究地进行学习，习得了知识，掌握了方法，提升了能力。

（4）善用课件激发学生兴趣

语文教学中使用多媒体，可以把声音、图像、文字、视频等有机地结合起来，化静为动，变枯燥为生动，为学生的学习创设不同环境，激发学生的学习兴趣，引起学生情感的共鸣。

（二）探究式阅读教学

1. 探究与探究式阅读教学

（1）探究

探究一词，最早出现于科学领域中。根据字面意义，就是深入探讨、反复研究。它既是一种解决问题的方式，又是一种思维方式，是发现问题、提出问题进而解决问题的过程。美国《国家科学教育标准》中对其是这样定义的：探究是多层次的活动，包括观察，提出问题；通过浏览书籍和其他信息资源发现什么是已经知道的结论，制订调查研究计划；根据实验证据对已有的结论作出评价；用工具收集、分析、解释数据；提出问题，解释和预测；交流结果。探究要求确定假设，进行批判的和逻辑的思考，并且考虑其他可以替代的解释。简而言之，探究是指在实践中进行学习，独立地发现问题、获得自主发展的学习方式。在阅读中，探究实际就是阅读者在联系自己的生活经验、思想感情或者已经积累的阅读体验的基础上，从文本中激发出新的想象和联想，并对文本意义加以适当的引申，进而赋予其新的内涵的过程。这一过程着重体现的是学生主观能动性的发挥，学生在学习的过程中，根据具体的文本内容，通过发现问题、提出问题进而解决问题的探究性学习，从而提高自己的学习能力，获得更多的学习方法，开拓自己的思维能力和创新能力。

（2）探究式阅读教学

探究式教学是20世纪50年代由芝加哥大学的施瓦布教授在"教育现代化运动"中提出来的。他认为在教学过程中，学生应该像科学家一样去发现问题、提出问题和解决问题，并且在探究的过程中获取知识，培养能力，特别是创造能力，同时受到科学方法、精神、价值观的教育。探究式阅读教学，即在阅读教学中渗入探究式阅读，引入探究式学习方法，自主探究、合作探究、拓展探究，针对具体文本内容，积极发挥主观能动性，发现问题、提出问题进而解决问题，变被动学习为主动学习，多方交流，深入讨论，最终实现对具体文本内容思想和意义的重新理解和建构。在探究式学习中，学生自己发现问题，探索解决问题的方法，通过各种学习途径来获得知识和能力、情感和态度的发展，特别是探究精神和创新能力的发展。

从探究式阅读教学的显著特征中我们可以得知，探究式阅读教学注重学生自主性的发挥，提倡同学之间的相互合作，博采众长，集思广益，最后注重学生对文本内容的深入理解。探究式阅读教学根据具体的文本内容所得出的答案具有不唯一性。开放多元性也是探究性课堂阅读教学的一个显著特征。

2. 语文探究式阅读教学的基本特征

（1）自主性

自主性是语文探究式阅读教学的首要特征。所谓自主性，也就是自己主动、积极发挥自己的主观能动性，重点突出学生的主动参与性。它不是一项任务的刻板完成，也不是对某一个指令的刻板接受，而是学生积极主动、自觉参与。学生成了课堂教学的主体，这与传统教学模式大相径庭，在传统教学模式中，教师是主体，整个课堂是教师的舞台，在课堂教学中，学生只需动耳、动眼，学生是被动参与课堂教学活动的，而在探究式阅读教学中，学生主动融入课堂教学、自主参与，发挥自己的主观能动性，是课堂真正的主人。

国家对现代化建设人才的要求，从以往的学习机器型人才转变为创新型人才，而创新型人才培养的基础就是思维能力的培养、探究能力的扩展。自主性是探究型人才培养的基础，初中阶段学生的阅读学习，对发展青少年的语言与思维，培养他们的思想和性格具有十分重要的意义。而探究式阅读，对开放学生的思维，挖掘作品的内涵，形成独特的感受、体验和理解具有重大意义。

自主性强调的是学生主观能动性的发挥，强调的是课堂教学模式的真正转变，更强调的是课堂教学中主客体角色的真正转变，只有实现这三者统一的转变，才能从真正意义上实现语文探究式阅读教学。

（2）合作性

合作性是语文探究式阅读教学的第二大特征。在国内，我国教育实践的早期就非常重视并将合作学习运用于教学情境中。《诗经·卫风》指出："有匪君子，如切如磋，如琢如磨。"意思是学习是一个相互合作的过程，在这个过程中，大家要互相商讨，互相切磋，共同提高。任何个体都不是独立存在于这个社会中的，都或多或少会和这个社会产生千丝万缕的联系，合作即是个体与个体之间产生联系的最有效的方式。语文探究式阅读教学的四个基本流程即"发现问题—提出问题—解决问题—点评总结"，其中"发现问题、提出问题"注重学生主观能动性的发挥，而"解决问题"则注重学生之间的合作，是最重要的环节。在国际形势日益严峻的今天，集体主义、团队精神更为重要，俗话说"团结就是力量"，这正彰显着团结合作的重要性。在语文探究式阅读教学中尤为如此，著名教育家乌申斯基说："比较是一切理解和思维的基础，我们正是通过比较来了解世界上的一切。"在课堂教学中，针对提出的问题，大家团结合作，各抒己见，集思广益，从别人的答案中寻找突破口，在别人的答案基础上培养自己的思维能力和创新能力。牛顿说过："我之所以成功，是因为我站在巨人的肩膀上。"俗话说"一根筷子易折断，十根筷子折不断"，团结合作是走向成功最有效的捷径。

有人说："数学是清清楚楚一条线，语文是模模糊糊一大片。"的确，语文因为它独特的性质造就了学习过程中的盲目性，不知如何下手，随手一抓一大把，但是真正有用、有效的似乎不多。作为奋战在一线的一位有七年教龄的教师，学生对于语文学习的态度给笔者最大的感触是，有时他们的学习的积极性不高，究其原因，终归是语文成绩的提升难度过大。其实，语文更注重的是学生的积累和语感，从小注重语感培养、注重积累、阅读面广泛的学生，因为本身基础雄厚，初中阶段的语文学习对他们来说不费吹灰之力，反之，则事倍功半。针对这一情况，在学习过程中，同学之间的相互合作显得更为重要。同学之间相互借鉴、取长补短、共同进步，这本身就是新课改的重要目标之一。比尔·盖茨说过："没有什么东西比成功更能增强满足的感觉，也没有什么东西比成功更能鼓起进一步的努力。"这就要求教师在整个课堂教学过程中着重倡导学生的合作意识，在相互的切磋借鉴中，让学生自主发现自己的闪光点，让学生体验到成功的喜悦，从而提高他们学习的激情，让他们更注重自己主观能动性的发挥，从而实现课堂教学模式的真正转变。

合作是力量的源泉，合作是成功的基石，合作是努力的动力，只有实现真正意义上的合作，才能实现共赢。社会和国家的建设不是靠一己之力就能实现的，只有实现真正意义上的合作，我们才能实现社会主义现代化的建设目标。

（3）探究性

探究性是语文探究式阅读中最为重要的特征。探究性学习的本质特征是：不直接把学生需要的相关概念和知识告诉学生，而是通过教师创设的环境，让学生自己发现有利于探索的内容。苏霍姆林斯基说："在人的心灵深处都有一种根深蒂固的需求，这就是希望感到自己是一个发现者、研究者、探究者。"探究未知的东西、开拓自己的思维、培养创新意识，是新课改的重要目标之一，也是社会发展的必然趋势。语文阅读的最终目的是使学生在文本内容的基础上，可以结合自己的切身体会形成对文本内容独到的见解，这是对文本内容、文本思想的重新组合。探究阅读就是反复探讨，深入研究，以文本为依托，对其中各个方面进行合理的深入研究。真正的探究不是毫无依据的猜疑和探讨研究，而应是有根有据的深入探究。

探究式教学课堂教学的四个基本流程无一不体现着探究意识，只有对文本内容反复探讨、深入研究才能够发现其中的问题，进而提出问题，更因为有对文本内容的反复探讨、深入研究，迁移拓展、举一反三，才能够解决这些问题，这个过程不仅仅是探究的过程，更是开拓思维、培养学生创新意识的过程，让他们发表自己独到的见解。探究是主观意识的行为，自主、合作是基础，探究是自主、合作的升华，只有这三者有机结合，才能实现学生思维能力的飞跃。可是，在当下教学模式中，探究往往只是流于形式，失去了本身的意义，学生还是被老师"牵着鼻子走"，就算在课堂上有那么几分钟的合作探究时间，往往也都是跟着老师的思维在走，并没有充分发挥自己的主观能动性，探究意识更是无从谈起。"授之以鱼不如授之以渔"，不仅要知其然，更要知其所以然，举一反三、迁移拓展，在语文阅读中显得尤为重要，只有思维活跃，才能真正实现对文本的深入探究。人生的道路是漫长的，教师能够提供给学生的现成的知识绝对是有限的，在未来的人生道路上，他们真正需要的是获取知识的方法而不是现成的知识。

（4）多元开放性

探究性课堂本身就是开放性课堂，阅读是阅读者在与作者及文本的交流过程中，结合自身的经历所形成的自己所特有的人生观、世界观和价值观。显而易见，阅读者自身经历不同，那么其所形成的三观就不同，正所谓"一千个读者就有一千个哈姆雷特"，就是这个道理。在初中语文探究式阅读教学模式中，允许答案是多元化存在的，因为语文教学本身就具有灵活多变的特性，多样性是它存在的方式。在语文课堂教学中，针对特定的文本内容、具体的问题，每个学生因为自身经历的不同、自身理解能力的不同，会得出不同的答案。这时，教师绝不能盲目地一刀切、全盘否定或全盘肯定，在总结点评时，应具体问题具体分析，绝不能被所谓的参考答案或标准答案"牵着鼻子走"。但承认答案的多元性和开放性，不是毫无原则地全盘肯定或全盘否定，它有自己特定的前提，如具体的时代背景、特定的社会场合，或者特殊的人生经历等，每一个阅读者因为自身经历的不同、所见所感不同，对同一个问题必定会有自己不同的感受和答案。所以，在开放性课堂中，应杜绝苛求答案的一致性。在中学语文课堂中，很多一线教师错误地认为，只要针对某一个问题引导学生得到标准答案，那么这堂课的教学目标就实现了，也就"船到码头车到站"了，这种思想和新课改的理念是背道而驰的。真正的探究性课堂不但允许答案的多元开放性，更应该提倡答案的多元开放性，教师应引导学生积极主动地发挥主观能动性，博采众长，积极探究，集思广益，最终寻找创新性的答案。

3. 初中语文探究式阅读教学策略

（1）转变教学观念，创新教学方式

尽管当前我们正处于新课程教学改革的大潮流中，但是仍有一些教师坚持自己以往的教学方式，坚持自己的教学理念，认为只有提高了成绩，学生才有出路，教学方式也体现着重视成绩的理念。所以说，要将探究性阅读教学完美地融合在当前初中语文阅读教学中，首先要解决的就是教师的问题，教师要从根本上转变自己的教学观念，要明白随着社会的发展以及时代的变化，人们对人才的需求已经发生了很大的改变。教师首先应该改变自己的教学理念，这样才能将探究性阅读教学积极地融入学生的学习中。

（2）利用信息技术为教学提供辅助

当前，我国处于信息技术飞速发展的时代，各行各业都可以借助发达的网络技术解决问题，教育也不例外。探究性阅读教学也可以很好地借助信息技术来发展。例如，教师在教授一些课文时，可以借助多媒体教学设备，为学生放映一些相关的视频、图片、音频等，也可以给学生放映一些比较符合事实的当代影视片段，这样在吸引学生的兴趣的同时，也让学生能够深刻理解人物的内心世界。总之，教师应该从学生的角度出发，引导学生去学习，而不是强迫学生去接受知识。

（3）采用情境式教学法

情境式教学法是近几年来新课程教学改革发展过程中逐步兴起的一种教学方式，也就是将学生学习的内容及知识最大限度地还原在课堂上，让学生扮演其中的人物，让学生能够身临其境地理解人物所处的环境。教师可以先让学生了解课文中所讲述的基本内容，然后给学生一些时间及空间，让学生在课堂上扮演课文中的人物，并将课本内容展现出来。这样一来，学生在扮演的过程中不仅能够详细地了解课文中所要讲述的内容，还能够体会人物的心理感受，而且这样的教学方式也能够极大地吸引学生对语文阅读教学课堂的兴趣，让学生能够在探究性阅读中锻炼自己的能力。

（4）利用问题导学法来促进学习

让学生带着问题去进行阅读也是探究性阅读教学实施的一种策略，

教师可以在学生阅读文章前给学生提出一些问题，并且要求学生在阅读后给出答案，让学生带着问题去阅读文章，这样不仅能够凝聚学生的注意力，还能够锻炼学生的思维能力。此外，学生在阅读过程中找到答案时会得到一种满足感以及自豪感，学生在回答教师所提出来的问题时也会相应地选择自己的语言表达方式，这对学生语言能力的提高也非常有帮助。

（5）建立开放的课堂，各方通力合作

学校、教师、学生和社会在教学活动中各司其职，学校是教学活动的承载体，教师是教学活动的主导者，学生是教学活动的主体，社会是教学活动的监督者。要想实现教学模式真正意义上的转变，建立开放的课堂势在必行，学校、教师、学生及社会需要通力合作，缺一不可。

"自主、合作、探究式课堂"，主要在于提高学生课堂活动的参与度，提高学生质疑释疑的能力，着力培养学生的创新思维、探究思维。探究式教学模式的教学流程和传统的教学模式大相径庭，该流程主要为"发现问题—提出问题—解决问题—点评总结"，前面三个流程都是学生自主参与、自主完成，最后教师才参与进去，进行点评总结，在整个教学课堂中，教师只起贯穿的作用，真正的主角是学生。质疑释疑能力是探究式阅读的重点，而质疑能力的前提是对文本内容非常熟悉，只有对文本达到一定的熟悉程度，才会有发散的思维能力，才会有延伸的联想、质疑的空间。

开放性课堂的建立，需要学生充分发挥自己的主观能动性，着眼于具体的文本内容，在对文本内容绝对熟悉的基础上提出自己的疑问，在课堂上要有话可说，不可闭口不言。学校、教师、学生和社会都参与其中，各自扮演好自己的角色，通力合作，有助于发散学生的思维，提高学生课堂活动的参与度，培养学生的探究能力，进而培养他们的创新能力。

（三）对话式阅读教学

1. 对话式阅读教学的内涵和意义

（1）对话式阅读教学的内涵

对话式阅读教学是一种以对话为主要形式的阅读教学方法，通过模拟真实对话情境，引导学生进行交流和思考，提高学生的阅读理解能力和语言表达能力。

对话式阅读教学通过模拟真实对话情境，将学习者置身于实际生活中的语言环境中，使学习者能够更好地理解和运用所学知识。通过情境化教学，学生能够更加直观地感受到语言的实际运用场景，提高学习的兴趣和积极性。对话式阅读教学注重学生之间的合作与互动，通过小组合作、角色扮演等方式，让学生在对话中相互交流、协作，共同解决问题。合作学习可以促进学生之间的互动和合作，培养学生的团队合作精神和沟通能力。对话式阅读教学注重培养学生的情感态度，通过对话情境的设置，引导学生产生情感共鸣，增强学生的情感体验和情感认同。情感教育可以激发学生的学习兴趣和动机，提高学习效果。对话式阅读教学强调学生的语言输出，通过对话的形式，让学生主动参与到语言表达中，提高学生的口语表达能力和语言运用能力①。语言输出可以帮助学生巩固所学知识，提高语言运用能力。对话式阅读教学注重学生的反思和评价，通过对话的形式，让学生对自己的学习进行反思和评价，发现自己的不足之处，并提出改进的方法和策略。反思与评价可以帮助学生提高自我学习能力，培养学生的自主学习意识。

（2）对话式阅读教学的意义

①有助于学生综合能力的培养

对话式阅读教学可以激发学生的学习兴趣和积极性。对话是一种生动活泼的交流方式，能够吸引学生的注意力，增加学习的趣味性。通过对话的形式，教师可以与学生进行互动，引发学生的思考和探索，激发他们的学习兴趣和积极性。对话式阅读教学可以提高学生的阅读理解能力。对话式阅读教学注重培养学生的阅读理解能力，通过对话的方式引导学生深入思考和理解阅读材料的内容。在对话中，教师可以提问学生，引导他们分析和解释阅读材料，帮助他们理解文章的主旨、观点和论证过程。通过对话的互动，学生能够更好地理解和掌握阅读材料的内容。对话式阅读教学可以培养学生的批判性思维能力。对话式阅读教学注重培养学生的批判性思维能力，通过对话的方式引导学生进行思辨和分析。在对话中，教师可以提出问题，引导学生进行思考和讨论，帮助他们发展批判性思维能力。通过对话的互动，学生能够学会分析问题、提出观

---

①张志学.提高初中语文阅读教学效率的策略[J].智力，2022（16）：98-101.

点和进行论证，培养他们的批判性思维能力。

对话式阅读教学可以促进学生的语言表达能力。对话式阅读教学注重培养学生的语言表达能力，通过对话的方式让学生进行口语表达。在对话中，学生需要用自己的语言表达自己的观点和理解，与教师和其他学生进行交流和讨论。通过对话的互动，学生能够提高自己的口语表达能力，培养他们的语言表达能力。对话式阅读教学可以培养学生的合作与团队精神。对话式阅读教学注重学生之间的互动和合作，通过对话的方式促进学生之间的合作与团队精神。在对话中，学生需要与教师和其他学生进行交流和合作，共同解决问题和完成任务。通过对话的互动，学生能够学会与他人合作、协调和沟通，培养他们的合作与团队精神。

②有助于教师自身的发展

对话式阅读教学有助于教师的专业发展。在对话式阅读教学中，教师需要不断提高自己的阅读水平和教学能力，以便能够更好地引导学生进行阅读。教师需要不断学习和研究各种阅读教学方法和策略，了解最新的教学理论和研究成果，以便能够更好地应用到自己的教学实践中。通过对话式阅读教学，教师可以不断反思和总结自己的教学经验，发现自己的不足之处，并不断改进和提高自己的教学方法和教学效果。同时，对话式阅读教学也能够激发教师的教学热情和创造力，促使教师不断追求教育教学的卓越。

对话式阅读教学有助于提升教师的教学技能。对话式阅读教学要求教师具备良好的沟通能力和教学技巧。教师需要能够与学生进行有效的对话，引导学生思考和表达自己的观点。教师需要善于提问和引导，能够激发学生的学习兴趣和主动性。同时，教师还需要具备良好的听力和观察力，能够准确地理解学生的需求和困惑，并及时给予帮助和指导。通过对话式阅读教学，教师可以不断锻炼和提升自己的教学技能，提高自己的教学效果和学生的学习成绩。对话式阅读教学有助于教师角色的转变。传统的教学模式中，教师往往扮演着知识的传授者和权威的代表。而在对话式阅读教学中，教师更多地扮演着学习的引导者和学生的合作伙伴。教师需要与学生进行平等的对话，尊重学生的个性和思维方式，鼓励学生发表自己的观点和独立思考。通过对话式阅读教学，教师可以逐渐改变传统的教学观念和教学方式，更加注重学生的主体地位和学习能力的培养。教师也可以从学生身上学到很多东西，不断丰富和完善自己的教学理念和教学方法。

2. 初中语文对话式阅读教学的特点和形式

（1）对话式阅读教学的特点

①合作性

对话式阅读教学强调学生之间的互动交流，学生可以在对话中相互帮助、互相激励，共同解决阅读中遇到的问题。在对话中，学生可以互相提供信息、分享观点、解释理解，从而加深对阅读材料的理解和记忆。在对话式阅读教学中，教师不再是传统的知识传授者，而是学生的引导者和指导者。教师通过与学生的对话，引导学生思考、分析和解决问题，帮助学生提高阅读能力和语言表达能力。教师还可以根据学生的表现和需求，进行个别指导和辅导，促进学生的个人发展。对话式阅读教学注重学生对阅读材料的主动参与和理解。学生通过对话的形式，与教材进行互动，提出问题、发表观点、进行解释和总结。通过与教材的合作互动，学生可以更好地理解和掌握阅读材料的内容和意义。对话式阅读教学鼓励学生之间的合作互动，学生可以在对话中相互交流、讨论和合作，共同解决问题。学生之间的合作互动可以促进彼此之间的学习和进步，培养学生的团队合作精神和沟通能力。对话式阅读教学可以通过与社会的合作互动，拓宽学生的阅读视野和知识面。学生可以通过与社会人士、专家学者的对话，了解社会现象、文化背景和专业知识，提高自己的综合素养和社会适应能力。

②多重对话性

对话式阅读教学注重学生之间的互动和合作。学生可以在小组或全班的对话中进行讨论、交流和合作，共同解决问题和理解文章。通过与同学的对话，学生可以互相启发和补充，提高阅读的深度和广度。在对话式阅读教学中，教师起到引导和指导的作用。教师可以通过与学生的对话，了解学生的阅读情况和困惑，及时给予指导和帮助。教师还可以通过对话，引导学生思考和分析文章，培养学生的批判性思维和阅读策略。对话式阅读教学强调学生与文本的互动。学生在阅读过程中可以提出问题、发表观点、做出推测等，与文本进行对话。通过与文本的对话，学生可以深入理解文章的意义和结构，提高阅读的效果和质量。对话式阅读教学鼓励学生进行内省和自我评价。学生可以通过对话，反思自己的阅读过程和策略，找出不足之处并加以改进。学生还可以通过对话，激发自己的兴趣和动力，提高阅读的积极性和主动性。对话式阅读教学注重将学生的背景知识与阅读材料相结合。学生可以通过对话，将自己的背景知识与文本进行对比和联系，提高对文本的理解和把握。通过与背景知识的对话，学生可以更好地理解文本中的隐含信息和文化内涵。对话式阅读教学追求将阅读与现实生活相结合。学生可以通过对话，将阅读材料与自己的生活经验相对照，提高对文本的理解和应用能力。通过与现实生活的对话，学生可以更好地理解文本的意义和价值，培养阅读的实用性和可持续性。

③交互性

在对话式阅读教学中，学生与教师之间进行密切的互动。教师可以引导学生进行对话，提问学生的理解和观点，帮助学生解决阅读中遇到的问题。学生可以通过对话与教师进行交流，获得及时的反馈和指导。对话式阅读教学中，学生之间也可以进行交流和互动。学生可以在对话中互相提问、讨论和分享自己的理解和观点。通过与同伴的交流，学生可以相互启发和帮助，共同提高阅读能力。对话式阅读教学中，学生与教材之间也进行交互。学生通过对话的形式进行阅读，可以更加主动地与教材进行互动。学生可以提问教材中的问题，解读教材中的内容，从而更好地理解和掌握教材。对话式阅读教学通过模拟真实对话场景，让学生在对话中进行阅读。学生可以通过对话来理解和应用所学的知识，将所学的知识与实际情境相结合。通过与实际情境的交互，学生可以更好地理解和运用所学的知识。对话式阅读教学中，学生还可以与自己进行交互。学生可以通过对话来反思自己的阅读过程，思考自己的理解和观点。学生可以通过对话来调整自己的阅读策略，提高自己的阅读效果。

（2）对话式阅读教学的形式

教师可以通过提问、引导学生讨论等方式，引导学生进行对话。教师可以起到组织和引导的作用，帮助学生理解文章内容，提高阅读理解能力。学生之间进行对话，可以是小组对话或全班对话。学生可以根据教师的引导或自己的理解，进行对话交流，分享自己的观点和理解。学生可以扮演文章中的人物，通过对话的方式来理解和表达文章内容。这种形式可以增加学生的参与度和兴趣，提高学生的语言表达能力。学生可以根据文章内容进行对话演绎，将文章中的对话进行再现。这种形式可以帮助学生更好地理解和记忆文章内容，提高阅读理解能力。

教师可以提供一篇适合学生阅读的文章，并引导学生在课前进行预习。学生可以阅读文章，了解文章的主题和大意，并提前准备一些问题或观点。教师可以通过提问、讨论等方式引导学生进行对话。教师可以提出一些问题，让学生在对话中进行思考和回答。教师还可以引导学生讨论文章中的观点和主题，促进学生的思维和交流。学生可以在教师的引导下进行对话。他们可以根据自己的理解和观点，进行对话交流。教师可以适时给予指导和反馈，帮助学生更好地理解文章内容。学生可以扮演文章中的人物，进行对话交流。他们可以通过扮演的方式来理解和表达文章内容。教师可以起到组织和引导的作用，帮助学生更好地理解和表达。学生可以根据文章内容进行对话演绎。他们可以将文章中的对话进行再现，帮助他们更好地理解和记忆文章内容。教师可以适时给予指导和反馈，帮助学生提高阅读理解能力。

教师可以选择适合学生阅读的对话题材。对话题材可以与学生的生活经验和兴趣相关，这可以增加学生的学习兴趣和参与度。教师可以通过提问、讨论等方式引导学生积极参与对话。教师可以给予学生足够的时间和空间，让学生充分表达自己的观点和理解。教师可以给予学生适当的反馈和指导。教师可以对学生的表达进行评价，指出不足之处，并给予改进建议，帮助学生提高阅读理解能力和语言表达能力。教师可以创设真实对话场景，让学生在对话中进行阅读和交流。教师可以通过图片、视频等多媒体资源，让学生感受到真实对话的情境，提高学生的阅读理解能力。

教师在进行对话式阅读教学时，要确保学生对文章内容有基本的理解。教师可以通过提问、讨论等方式，检查学生的理解情况，并及时给予指导和反馈。对话式阅读教学可以鼓励学生的创新思维。学生可以在对话中提出自己的观点和理解，教师可以鼓励学生多角度思考，培养学生的创新思维能力。对话式阅读教学要注重学生的语言表达。教师可以给予学生足够的时间和空间，让学生充分表达自己的观点和理解。教师可以适时给予指导和反馈，帮助学生提高语言表达能力。对话式阅读教学要组织合理的对话活动。教师可以根据学生的实际情况和学习目标，设计合适的对话活动，提高学生的阅读理解能力和语言表达能力。

3. 初中语文对话式阅读教学的建构路径

（1）对话式阅读教学的建构原则

①民主平等原则

对话式阅读教学强调学生的主体地位。在传统的教学模式中，教师通常是知识的传授者，而学生则是被动的接受者。而在对话式阅读教学中，学生被视为学习的主体，他们的主动性和积极性得到了充分的发挥。教师通过与学生的对话，引导他们思考和探索，激发他们的学习兴趣和动力。学生在对话中能够表达自己的观点和想法，参与到学习的过程中，从而提高他们的学习效果。对话式阅读教学注重学生的平等参与。在传统的教学模式中，教师通常是唯一的权威，学生只能被动地接受教师的指导和安排。而在对话式阅读教学中，学生和教师是平等的合作伙伴。教师不再是唯一的权威，而是与学生一起探讨问题，共同寻找答案。学生在对话中能够发表自己的意见和看法，与教师进行平等的交流和讨论。这种平等参与的教学方式能够激发学生的思维能力和创造力，培养他们的批判性思维和合作精神。

对话式阅读教学鼓励学生的自主学习。在传统的教学模式中，教师通常是指导学生学习的主导者，学生只需要按照教师的要求去完成任务。而在对话式阅读教学中，学生被鼓励主动参与学习，自主探索和学习。教师通过对话引导学生思考和解决问题，而不是直接给出答案。学生在对话中能够独立思考和提出问题，通过自主学习提高他们的学习能力和学习效果。对话式阅读教学注重学生的个体差异。在传统的教学模式中，教师通常是按照统一的标准和要求进行教学，忽视了学生的个体差异。而在对话式阅读教学中，教师能够更好地了解学生的个体差异，根据学生的特点和需求进行个性化的教学。教师通过对话了解学生的学习情况和学习困难，针对性地给予指导和帮助。这种个性化的教学方式能够更好地满足学生的学习需求，提高他们的学习效果。

②开放合作原则

教师应与学生之间建立良好的合作关系，互相尊重和信任。教师可以与学生进行面对面的交流和互动，了解学生的需求和问题，提供适当的指导和支持。教师应与学生家长建立良好的合作关系，共同关注学生的学习和成长。教师可以与家长进行定期的沟通和交流，了解学生的家庭背景和特点，提供个性化的教育服务。教师应与其他教师进行合作，共同研究和探讨对话式阅读教学的方法和策略。教师可以参加教研活动和培训课程，与其他教师进行交流和分享经验，共同提高教学水平。教师应鼓励学生之间的合作学习，通过小组讨论和合作阅读等方式，促进学生之间的互动交流。教师可以设立一些合作学习的任务，让学生共同完成，提高学生的合作能力和团队意识。教师应与学生进行合作评价，共同评估学生的学习成果和进步情况。教师可以与学生进行面对面的交流和讨论，了解学生的学习过程和学习成果，给予适当的反馈和评价。

③尊重信任原则

对话式阅读教学要尊重学生。尊重学生是指教师要充分尊重学生的个体差异和学习需求，给予他们充分的自主权和发言权。在对话式阅读教学中，教师应该充当引导者和促进者的角色，鼓励学生积极参与对话，发表自己的观点和想法。教师可以通过提问、引导和鼓励等方式，激发学生的学习兴趣和主动性，让他们在对话中感受到被尊重和被重视的价值。对话式阅读教学要尊重教师。尊重教师是指学生要充分尊重教师的教学权威和专业知识，积极配合教师的教学安排和指导。在对话式阅读教学中，教师是对话的组织者和引导者，他们具有丰富的教学经验和专业知识，能够有效地引导学生进行对话，提高学生的阅读理解能力。学生应该尊重教师的教学决策和指导，积极参与对话，主动学习，提高自己的阅读水平和语言表达能力。对话式阅读教学要尊重对话内容。尊重对话内容是指教师和学生要充分尊重对话的真实性和有效性，确保对话内容能够真实反映学生的阅读理解能力和语言表达能力。在对话式阅读教学中，教师应该选择适合学生水平和兴趣的对话材料，确保对话内容能够引发学生的思考和讨论。同时，教师还应该鼓励学生在对话中提出问题、发表观点和提供解决方案，培养学生的批判性思维和创造性思维能力。

（2）对话式阅读教学的建构策略

①重新定位教师角色

在传统的阅读教学中，教师通常扮演着知识传授者和评判者的角色。

然而，在对话式阅读教学中，教师的角色需要重新定位。对话式阅读教学强调学生的主动参与和合作学习，教师不再是传授知识的主导者，而是充当着引导者和促进者的角色。

对话式阅读教学中的教师需要成为学生的合作伙伴和指导者。教师应该与学生一起探索文本，共同构建意义。教师可以提供一些问题和引导，帮助学生理解和分析文本，同时鼓励学生提出自己的观点和问题。教师还可以组织学生之间的小组讨论，促进学生之间的合作和互动。通过与学生的合作，教师可以更好地了解学生的思维过程和困惑，从而更有针对性地提供指导和支持。教师在对话式阅读教学中需要成为学生的激励者和启发者。教师应该激发学生的兴趣和好奇心，培养学生的阅读动机。教师可以通过提供有趣的文本和活动，引发学生的兴趣，激发学生的阅读欲望。教师还可以分享自己的阅读经验和观点，启发学生思考和探索。教师还可以鼓励学生尝试不同的阅读策略和技巧，帮助他们提高阅读能力和理解能力。教师在对话式阅读教学中需要成为学生的评估者和反馈者。教师应该及时给予学生反馈，帮助他们发现自己的阅读问题和不足。教师可以通过观察学生的阅读行为和参与程度，评估学生的阅读能力和理解水平。教师还可以通过提问和讨论，检查学生对文本的理解和分析能力。教师应该鼓励学生自我评估和互相评估，帮助他们发现自己的优势和改进的方向。教师的反馈应该具体、明确和建设性，帮助学生改进阅读策略和技巧。教师在对话式阅读教学中需要成为学生的模范和榜样。教师应该展示良好的阅读习惯和技巧，激发学生的学习兴趣和动力。教师可以分享自己的阅读体验和喜好，鼓励学生尝试不同的文本类型和题材。教师还可以推荐一些优秀的阅读资源和工具，帮助学生扩大阅读范围和提高阅读效果。教师还可以与学生一起制定阅读目标和计划，监督学生的阅读进度和成果。

②充分走进文本

教师需要对文本进行深入的阅读和理解。在进行对话式阅读教学之前，教师应该对文本进行仔细的阅读，了解文本的主题、结构、语言特点等。只有对文本有深入的理解，教师才能更好地引导学生进行对话式阅读，帮助他们理解文本的内容和意义。教师需要挖掘文本中的细节和隐含信息。文本中的细节和隐含信息往往能够帮助学生更好地理解文本，并推测出一些不明确的信息。教师可以通过提问的方式引导学生发现文本中的细节和隐含信息，帮助他们更好地理解文本。

教师还可以通过分析文本的语言特点和修辞手法来帮助学生理解文本。文本中的语言特点和修辞手法往往能够增强文本的表达力和感染力，同时也能够帮助学生更好地理解文本。教师可以通过解释和示范的方式向学生介绍文本中的语言特点和修辞手法，并引导他们运用这些语言特点和修辞手法进行对话式阅读。教师还可以通过角色扮演的方式帮助学生更好地理解文本。角色扮演可以让学生身临其境地体验文本中的情境和人物，从而更好地理解文本的内容和意义。教师可以选择一些关键的对话段落，让学生分角色进行演绎，通过对话的方式来理解和表达文本。教师还可以通过引导学生进行对话式阅读来提高他们的阅读能力和语言表达能力。对话式阅读可以帮助学生更好地理解文本，并提高他们的口语表达能力和听力理解能力。教师可以设计一些对话练习，让学生进行对话式阅读，并提供及时的反馈和指导，帮助他们不断提高阅读能力和语言表达能力。

③根据学生学习中的特点提供反馈

了解学生的学习特点是提供有效反馈的前提。每个学生都有自己的学习风格和习惯，教师需要通过观察和交流来了解学生的学习特点。例如，有些学生可能更喜欢通过听力来理解文章，而有些学生则更喜欢通过阅读来获取信息。了解学生的学习特点可以帮助教师更好地选择合适的反馈方式。学生在学习过程中需要及时了解自己的学习进展，以便及时调整学习策略。教师可以在学生完成一篇对话式阅读后，及时给予反馈。反馈可以包括对学生的阅读理解能力、语言表达能力和阅读策略的评价。同时，教师还可以指出学生在阅读过程中存在的问题，并给予相应的建议和指导。通过及时的反馈，学生可以更好地了解自己的学习情况，从而更好地调整学习策略。

每个学生的学习情况和问题都是不同的，教师需要根据学生的个体差异来提供个性化的反馈。例如，对于阅读理解能力较弱的学生，教师可以提供更详细的解释和例子，帮助他们更好地理解文章内容；对于语言表达能力较弱的学生，教师可以提供更多的语言模板和练习机会，帮助他们提高语言表达能力。通过个性化的反馈，学生可以更好地解决自己的问题，提高阅读能力。学生在学习过程中需要得到鼓励和肯定，以激发他们的学习动力和自信心。教师可以通过赞扬学生的努力和进步，鼓励学生继续努力。同时，教师还可以提供一些积极的反馈，如鼓励学生尝试新的阅读策略和方法，帮助他们克服困难。通过鼓励和肯定，学生可以更好地保持学习的积极性和动力。学生可以通过自我评价来了解自己的学习情况和问题所在，从而更好地调整学习策略。同时，同伴评价也可以帮助学生互相学习和提供反馈。教师可以组织学生进行小组讨论和合作学习，让他们互相评价和提供反馈。通过自我评价和同伴评价，学生可以更好地了解自己的学习情况，从而更好地调整学习策略。

（3）建构对话式阅读教学应注意的问题

①对话必须确保主体的平等

确保对话主体平等可以促进学生的积极参与。在对话中，如果一个人的地位高于另一个人，那么低地位的人可能会感到压力和不自在，导致他们不敢或不愿意积极参与对话。而如果对话的主体平等，每个人都有发言的机会和权利，那么学生们会更加自信地表达自己的观点和想法，从而更好地参与到对话中来。确保对话的主体平等可以促进学生的思维发展。在对话中，每个人都有机会提出问题、思考问题和回答问题，这样可以激发学生的思维，促进他们的思维发展和思考能力的提高。如果对话的主体不平等，只有一个人提问和回答问题，那么其他学生可能会变得被动和消极，思维发展的机会也会受到限制。

确保对话的主体平等可以促进学生的合作和互动。在对话中，每个人都有机会与他人进行交流和互动，共同解决问题和探讨主题。如果对话的主体不平等，只有一个人主导对话，那么其他学生可能会变得被动和消极，合作和互动的机会也会受到限制。而如果对话的主体平等，每个人都有机会发言和参与，那么学生们可以相互倾听、相互学习，促进彼此的合作和互动。确保对话的主体平等可以促进学生的自主学习。在对话中，每个人都有机会表达自己的观点和想法，从而促进他们的自主学习。如果对话的主体不平等，只有一个人主导对话，其他学生可能会变得被动和消极，自主学习的机会也会受到限制。而如果对话的主体平等，每个人都有机会发言和参与，那么学生们可以根据自己的兴趣和需求进行学习，提高自主学习的能力。

②对话必须关注学生的期待视野

学生的兴趣和需求是他们学习的动力和动机来源。教师可以通过调查问卷、小组讨论或个别面谈等方式了解学生的兴趣和需求。在对话式阅读教学中，教师可以根据学生的兴趣和需求选择适合的阅读材料，激发学生的学习兴趣，提高学习的积极性。关注学生对教学内容的期待和期望。学生对教学内容的期待和期望可以影响他们的学习态度和学习效果。教师可以通过开展前期调研或开展小组讨论等方式了解学生对教学内容的期待和期望。在对话式阅读教学中，教师可以根据学生的期待和期望设置教学目标，设计教学活动，提供学习资源，满足学生的学习需求。

在对话式阅读教学中，教师可以通过创设情境，将学习内容与学生的实际生活和经验联系起来，激发学生的学习兴趣。例如，教师可以通过引入一个有趣的故事或问题，引发学生的思考和讨论，激发他们的学习兴趣。学生的学习需求和学习方式各不相同，教师可以提供多样化的学习资源，满足学生的不同需求。例如，教师可以提供不同难度和风格的阅读材料，让学生根据自己的兴趣和能力选择适合自己的阅读材料。学生参与教学设计和评价可以增强他们的学习主动性和学习动机。教师可以邀请学生参与教学设计，让他们提出自己的建议和意见，从而满足他们的学习需求。教师还可以邀请学生参与教学评价，让他们对教学过程和学习效果进行反思和评价，从而提高他们的学习动机和学习效果。学生的学习需求和学习能力各不相同，教师可以提供个性化的学习支持，满足学生的不同需求。例如，教师可以根据学生的学习进度和学习能力，提供个别辅导或小组辅导，帮助学生解决学习困难，提高学习效果。

③对话必须兼顾文本内容与形式

对话式阅读教学要求对话必须兼顾文本内容。对话的内容应该与所学的文本内容相关，能够帮助学生更好地理解和掌握文本。对话可以是对文本的解读、讨论和互动，可以是对文本中的人物、情节、主题等进行深入探讨。通过对话，学生可以更加深入地理解文本的内涵，提高阅读理解能力。对话式阅读教学要求对话必须兼顾对话的形式。对话的形式应该符合实际对话的特点，能够让学生感受到真实的对话场景。对话可以是学生之间的对话，也可以是学生和老师之间的对话，还可以是学生和文本之间的对话。对话的形式可以是口语对话，也可以是书面对话。通过对话，学生可以提高语言表达能力，培养语言交际能力。

学生可以扮演文本中的人物，通过对话的方式来表达人物的思想、情感和行为。这种方式可以让学生更加深入地理解文本中的人物形象，提高对文本的理解和分析能力。将学生分成小组，让他们在小组内进行对话，讨论文本中的问题和主题。通过小组讨论，学生可以相互交流、互相启发，共同探讨文本的意义和价值。老师可以提出一些问题，让学生进行对话回答。通过对话回答问题，学生可以更加深入地思考和理解文本，提高阅读理解能力。学生可以扮演不同的角色，通过对话的方式来表达不同角色的观点和立场。这种方式可以培养学生的思辨能力和批判性思维能力。

（四）批注式阅读教学

1. 批注式阅读教学的概念

（1）批注式阅读的概念

批注式阅读通过在文本上做出批注和标记来帮助读者更好地理解和分析文本内容。这种阅读方法可以应用于各种类型的文本，包括书籍、文章、报告等。批注式阅读的目的是帮助读者更深入地理解文本，并提高阅读效果。通过批注和标记，读者可以记录自己的思考、问题、观点和理解，从而更好地理解和分析文本。批注式阅读还可以帮助读者更好地记忆和回顾文本内容，提高学习效果。批注式阅读的基本步骤包括预览、阅读、批注和总结。读者应该先预览文本，了解大致内容和结构。然后，进行详细的阅读，注意关键词、句子和段落。在阅读过程中，读者可以用铅笔、荧光笔等工具进行批注和标记，记录自己的思考和理解。读者可以根据批注和标记总结文本内容，提炼出关键信息和观点。

批注式阅读可以帮助读者更好地理解文本。通过批注和标记，读者可以将自己的思考和理解记录下来，有助于加深对文本的理解。批注式阅读可以帮助读者更好地分析文本。通过批注和标记，读者可以发现文本中的关键信息、观点和逻辑关系，从而更好地分析文本内容。批注式阅读还可以帮助读者更好地记忆和回顾文本内容。通过批注和标记，读者可以将重要信息和观点记录下来，方便日后回顾和复习。批注式阅读的技巧包括选择合适的工具、运用不同的标记符号和颜色、合理安排批注的位置等。选择合适的工具是非常重要的，一般来说，铅笔、荧光笔和彩色笔都是常用的工具。运用不同的标记符号和颜色可以帮助读者更好地分类和区分批注内容，例如，可以用箭头表示关键信息，用圆圈表示重要观点，用下划线表示关键词等。合理安排批注的位置也是很重要的，一般来说，批注应该与文本内容相邻，方便读者回顾和复习。

（2）批注式阅读教学的概念

批注式阅读教学是一种基于学生主动参与的阅读教学方法，通过学生在阅读过程中对文本进行标记和批注，帮助他们深入理解和分析文本内容。批注式阅读教学注重培养学生的阅读理解能力、批判性思维能力和学术写作能力，使他们能够独立思考、分析和评价文本。

批注式阅读教学强调学生的主动参与和自主学习。学生在阅读过程中自主选择标记和批注的方式，根据自己的理解和思考进行标记和批注。批注式阅读教学鼓励学生通过标记和批注来深入理解文本内容。学生可以标记关键词、重要观点、不理解的地方等，通过批注来解释和分析这些标记，从而加深对文本的理解。批注式阅读教学培养学生的批判性思维能力。学生可以通过批注来提出问题、表达异议、评价作者观点等，从而培养他们的批判性思维和学术写作能力。批注式阅读教学强调学生的反思和反馈。学生可以在阅读结束后回顾自己的批注，思考自己的理解和分析是否准确，并从教师和同学的反馈中得到进一步的指导和改进。

教师根据学生的年龄、兴趣和能力选择适当的文本。文本可以是课本、文章、小说等，内容可以涵盖不同的学科和领域。教师引导学生学习如何标记和批注文本。学生可以使用不同的标记符号、颜色和注释方式来标记和批注文本，以便于后续的理解和分析。学生独立阅读文本，并在阅读过程中进行标记和批注。学生可以标记关键词、重要观点、不理解的地方等，并通过批注来解释和分析这些标记。学生可以与同学分享自己的批注，讨论不同的理解和分析。教师可以组织小组讨论或全班讨论，促进学生之间的交流和合作。学生在阅读结束后可以回顾自己的批注，思考自己的理解和分析是否准确。教师可以提供反馈和指导，帮助学生改进自己的批注和理解。

2. 初中语文批注式阅读的常用方式

（1）背景式批注

背景式批注是指在阅读文本时，通过对文本中的背景知识进行批注，帮助学生更好地理解文本的意义和内涵。背景知识包括文化、历史、地理、社会等方面的知识，通过对这些知识的批注，可以帮助学生更好地理解文本中的隐含意义、文化内涵等。文本中的背景信息往往是理解文本意义的重要线索，通过对背景知识的批注，可以帮助学生更好地理解文本的背景信息，从而更好地理解文本的意义和内涵。通过对文本中的背景知识进行批注，可以帮助学生更加深入地理解文本，增强对文本的理解和感受，使阅读更加丰富和有趣。背景知识是学生综合素养的重要组成部分，通过对背景知识的批注，可以培养学生的综合素养，提高其对文本的理解和分析能力。

在进行背景式批注时，可以通过查阅相关资料，了解文本所涉及的背景知识，包括历史事件、文化背景、地理环境等方面的知识。可以通过图书馆、互联网等渠道获取相关资料。在文本中标注出与背景知识相关的关键词语，可以帮助学生更好地理解文本的背景信息。可以使用不同颜色的笔或者在文本旁边做出相应的标记。在文本旁边或者空白处添加批注说明，解释文本中的背景信息，帮助学生理解文本的意义和内涵。可以使用简洁明了的语言，将批注说明与文本紧密结合起来。

（2）联想式批注

联想式批注是指学生在阅读过程中，通过联想、引申、拓展等方式，将文本中的信息与自己已有的知识、经验、情感等进行联系，从而深入理解文本的内涵和作者的意图。联想式批注的特点主要有以下几点：联想式批注能够帮助学生拓展思维，从而深入理解文本的内涵和作者的意图。通过联想，学生能够将文本中的信息与已有的知识进行联系，从而增强记忆效果。联想式批注能够帮助学生更好地理解文本，提高阅读的效果。

将文本中的事物、人物、情节等与已有的类似事物、人物、情节进行比较，从而深入理解文本的内涵。将文本中的情感与自己的情感进行联系，从而更好地理解文本的情感表达。将文本中的经验与自己的经验进行联系，从而更好地理解文本的意义。将文本中的知识与已有的知识进行联系，从而更好地理解文本的内容。通过引申，将文本中的信息进行拓展，从而深入理解文本的意义。学生需要仔细阅读文本，理解文本的表面意思和基本内容。在阅读过程中，学生需要挖掘文本中的信息，包括事物、人物、情节、情感等。在挖掘信息的基础上，学生需要将文本中的信息与已有的知识、经验、情感等进行联系，进行联想式思考。在联想思考的过程中，学生可以将自己的联想记录下来，可以用批注、标记等方式进行记录。在阅读结束后，学生可以对自己的联想进行总结归纳，从而更好地理解文本的内涵和作者的意图。

（3）感悟式批注

感悟式批注是一种主观的阅读方式。每个人的感悟都是独一无二的，因为每个人的经历、背景和思考方式都不同。在阅读过程中，我们可以通过感悟式批注来记录自己的思考和感受，这样可以更好地理解和记忆文本内容。同时，感悟式批注也可以帮助我们更深入地思考和探索文本背后的意义和价值。感悟式批注是一种情感的表达方式。在阅读过程中，我们会被文本中的情节、人物和语言所触动，产生各种情感反应。通过感悟式批注，我们可以将这些情感记录下来，使阅读过程更加丰富和有意义。例如，在阅读一篇描写自然景色的文章时，我们可以用感悟式批注来表达自己对大自然的敬畏之情，或者对美丽景色的赞美之词。在阅读过程中，我们会思考文本中的问题、主题和观点。通过感悟式批注，我们可以将自己的思考记录下来，使阅读过程更加深入和有意义。例如，在阅读一篇关于友情的文章时，我们可以用感悟式批注来思考什么是真正的友情，以及如何在现实生活中去实践和珍惜友情。通过感悟式批注，我们可以更好地理解和掌握文本内容，提高自己的阅读能力和思考能力。同时，感悟式批注也可以帮助我们培养自己的情感和思考能力，提高自己的人文素养和综合素质。因此，在进行初中语文批注式阅读时，我们应该注重感悟式批注的实践和应用，以提高自己的阅读水平和思考能力。

（4）质疑式批注

质疑式批注是一种在阅读过程中提出疑问或质疑的批注方式，它能够帮助读者更深入地思考和理解文本，激发读者的思维活动，提高阅读的深度和广度。在初中语文教学中，质疑式批注是一种有效的教学方法，可以帮助学生更好地理解文本，培养学生的批判性思维和创造性思维。

质疑式批注能够帮助学生更深入地理解文本。在阅读过程中，学生可以通过提出疑问或质疑的方式来思考文本中的问题，从而更好地理解文本的意义和内涵。例如，在阅读一篇文章时，学生可以提出一些问题，如"作者为什么要使用这个词？""这个观点是否正确？"等等。通过这样的质疑，学生可以更加全面地理解文本，深入思考其中的细节和逻辑关系。质疑式批注能够激发学生的思维活动。在阅读过程中，学生通过提出疑问或质疑的方式来思考问题，这种思考过程可以激发学生的思维活动，培养学生的批判性思维和创造性思维。例如，在阅读一篇文章时，学生可以提出一些问题，如"作者的观点是否有偏见？""我有什么不同的看法？"等等。通过这样的思考，学生可以培养自己的批判性思维和创造性思维，提高自己的思维能力。质疑式批注还可以提高学生的阅读深度和广度。在阅读过程中，学生通过提出疑问或质疑的方式来思考问题，这种思考过程可以帮助学生更全面地理解文本，提高阅读的深度和广度。例如，在阅读一篇文章时，学生可以提出一些问题，如"作者的观点是否符合事实？""这个观点是否适用于其他情况？"等等。通过这样的思考，学生可以更全面地理解文本，提高自己的阅读水平。

（5）鉴赏式批注

鉴赏式批注是在批注的基础上，对文本进行评价和鉴赏。在进行鉴赏式批注时，应该注意以下要点。鉴赏式批注要关注文本的艺术特点，如语言的美感、形象的描绘、结构的安排等。通过分析这些艺术特点，可以更好地理解和欣赏文本。鉴赏式批注要关注文本的思想内涵，即文本所表达的思想、观点和价值。通过分析文本的思想内涵，可以更好地理解和评价文本。鉴赏式批注要关注文本的表达技巧，如修辞手法、描写方法、叙述方式等。通过分析这些表达技巧，可以更好地理解和评价文本。鉴赏式批注要关注文本的社会背景，即文本所处的时代和环境。通过了解文本的社会背景，可以更好地理解和评价文本。

3. 初中语文批注式阅读教学的策略

（1）要提供批注的角度

初中语文批注式阅读教学中，提供批注的角度可以从几个方面进行。批注可以帮助学生理解文本的意思和内涵。可以对生词、短语、句子结构、修辞手法等进行批注，帮助学生理解文本中的难点和重点。批注可以帮助学生学习和掌握语言运用的技巧。可以对文本中的修辞手法、比喻、夸张、对比等进行批注，帮助学生理解和分析作者的表达方式。批注可以帮助学生了解文学作品的特色和风格。可以对文本中的描写、人物形象、情节发展等进行批注，帮助学生理解和欣赏文学作品的艺术魅力。批注可以帮助学生了解文本所处的历史背景和文化背景。可以对文本中的历史事件、文化现象、社会背景等进行批注，帮助学生理解文本的时代特征和社会背景。批注可以帮助学生思考文本所传达的人生哲理和价值观。可以对文本中的人物形象、情节发展、作者观点等进行批注，引导学生思考文本背后的深层含义和思想。批注可以帮助学生培养良好的阅读习惯和阅读策略。可以对文本中的关键词、重要信息、逻辑关系等进行批注，帮助学生提高阅读效率和阅读理解能力。

（2）要明确批注的形式

在批注式阅读教学中，学生可以使用不同的符号或颜色来标记关键词和短语。这样可以帮助学生更好地理解文本的重点和主题。例如，学生可以使用星号标记出重要的词语，使用下划线标记出关键的短语。学生可以在文本旁边或下方注释关键句子和段落。注释可以是简短的解释或个人的理解。这样可以帮助学生更好地理解文本的意义和作者的观点。学生可以在文本旁边或下方提出问题和疑惑。这样可以帮助学生更深入地思考和分析文本。例如，学生可以在文本旁边写下"为什么作者这样说？"或"这个观点是否正确？"等问题。学生可以使用思维导图和图表来整理和呈现他们的思考和理解。思维导图可以帮助学生更清晰地组织和表达他们的思维过程。图表可以帮助学生更直观地展示文本中的信息和关系。学生可以摘录和总结文本中的重要内容。这样可以帮助学生更好地记忆和复习文本的要点。例如，学生可以在文本旁边写下"这是一个重要观点"或"这是一个关键事实"。

（3）要注意批注的方法

教师在批注时要根据学生的阅读目标和阅读能力，选择适当的批注内容。批注应围绕文本的主题、结构、语言特点等方面展开，帮助学生理解和把握文本的核心内容。同时，批注还可以针对学生的阅读问题和困惑进行指导，帮助学生解决阅读中的难点和疑惑。教师在批注时要注重启发学生的思维，引导学生深入思考和探索文本的意义。批注可以提出问题，激发学生的思考和讨论，促使学生主动思考和发现。同时，批注还可以提供一些相关的背景知识和文化常识，帮助学生更好地理解文本的内涵和意义。

教师在批注时要根据学生的个性和特点，采用不同的批注方式和方法。有些学生可能更注重细节，教师可以在批注中提供更多的细节解读和分析；有些学生可能更注重整体把握，教师可以在批注中提供整体结构和主题的解读。同时，教师还可以根据学生的不同需求，进行个性化的批注指导，帮助学生更好地理解和掌握文本。批注不仅是对学生阅读过程的记录，更是对学生阅读能力和水平的评价。

（4）要及时反馈评价批注式阅读的效果

及时反馈评价批注式阅读的效果可以帮助学生了解自己的阅读能力和进步情况。教师可以根据学生的批注内容和阅读理解情况，给予针对性的评价和反馈。例如，对于阅读理解较好的学生，可以肯定其批注的准确性和深度，并鼓励其继续保持良好的阅读习惯。对于阅读理解较差的学生，可以指出其批注中存在的问题，并提供改进的建议和指导。通过及时的反馈评价，学生可以更好地了解自己的阅读能力和不足之处，从而有针对性地进行学习和提高。及时反馈评价批注式阅读的效果可以激发学生的学习动力和兴趣。学生在阅读过程中，通过批注可以将自己的思考和理解记录下来，这种记录和反馈可以增强学生的学习动力和兴趣。当学生看到自己的批注被认可和肯定时，会感到自豪和满足，从而更加积极地投入到阅读中。同时，及时的反馈评价也可以帮助学生发现自己的阅读进步和成就感，进而激发他们对阅读的兴趣和热情。

学生在进行批注式阅读时，不仅要理解文本内容，还要进行思考和分析，并将自己的想法和观点写在批注中。教师可以通过对学生批注的评价和反馈，引导学生进行深入的思考和交流。例如，教师可以提出问题，要求学生对批注中的某个观点进行解释或提供更多的例证。通过这种思考和交流，学生可以进一步提高自己的阅读能力和文学鉴赏能力。教师通过对学生批注的评价和反馈，可以了解学生的阅读情况和学习需求，从而及时调整教学策略和方法。例如，如果发现学生对某个文本的理解较为困难，教师可以通过提供更多的背景知识或引导学生进行合作阅读来帮助学生提高阅读理解能力。通过不断调整教学策略和方法，教师可以更好地满足学生的学习需求,提高批注式阅读的效果。

(五) 情趣化阅读教学

1. 情趣化阅读教学的内涵

(1) 情趣化教学的内涵

情趣化教学是一种以创造性、趣味性和互动性为特点的教学方法,旨在激发学生的学习兴趣和积极性,提高学习效果。它强调学习过程的愉悦和参与感,通过创造有趣的学习环境和活动,使学生在轻松愉快的氛围中主动参与学习,提高学习效果。情趣化教学的内涵主要包括以下两个方面:

①情趣化教学注重创造积极的学习氛围,使学生在轻松、愉快的氛围中学习。教师可以通过布置有趣的学习任务、设计富有创意的教学活动、使用多媒体和互动工具等方式,激发学生的学习兴趣和积极性。同时,教师还可以通过鼓励学生的表现、给予肯定和奖励等方式,增强学生的自信心和学习动力。情趣化教学强调提供多样化的学习资源,以满足学生的不同学习需求和兴趣。教师可以利用多媒体、网络、实物模型等资源,创造丰富多样的学习环境,激发学生的好奇心和探索欲望。同时,教师还可以引导学生利用各种资源进行自主学习和合作学习,培养学生的信息获取和处理能力。情趣化教学强调设计有趣的教学活动,以吸引学生的注意力和参与度。教师可以通过游戏、角色扮演、实验、讨论等方式,创造丰富多样的教学活动,使学生在活动中主动参与、积极思考和合作探究。同时,教师还可以根据学生的兴趣和特长,设计个性化的教学活动,激发学生的学习热情和创造力。

②情趣化教学注重学生的主动参与和自主学习。教师可以通过启发式教学、问题导向教学等方式,引导学生主动思考和探索,培养学生的自主学习能力和解决问题的能力。同时,教师还可以通过小组合作学习、项目学习等方式,促进学生之间的互动和合作,培养学生的团队合作精神和沟通能力。情趣化教学注重评价和反馈的个性化。教师可以根据学生的学习情况和表现,采用多种形式的评价方式,如口头评价、书面评价、自我评价等,给予学生及时的反馈和指导。同时,教师还可以根据学生的兴趣和特长,设计个性化的评价方式,激发学生的学习动力和创

造力。情趣化教学注重培养学生的创造力和创新精神。教师可以通过启发式教学、开放性问题、创意活动等方式，激发学生的创造思维和创新意识，培养学生的创造力和创新能力。同时，教师还可以鼓励学生提出自己的观点和想法，培养学生的独立思考和批判性思维能力。

(2) 情趣化阅读教学的内涵

情趣化阅读教学是一种以培养学生阅读兴趣和阅读能力为目标的教学方法。它通过创设情境、提供多样化的阅读材料和活动，激发学生的阅读兴趣，培养学生的阅读能力和阅读习惯。情趣化阅读教学注重通过创设情境来激发学生的阅读兴趣。教师可以通过引入故事情节、角色扮演、游戏等方式，将学生置身于一个具有吸引力和趣味性的阅读环境中，从而激发学生的阅读兴趣。例如，教师可以通过讲故事的方式引入一篇课文，或者设计一些有趣的角色扮演活动，让学生在阅读中体验到乐趣和快乐。情趣化阅读教学强调提供多样化的阅读材料和活动，以满足学生不同的阅读需求和兴趣。教师可以选择具有趣味性和吸引力的文学作品、科普读物、漫画、游戏等阅读材料，让学生在阅读中感受到乐趣和成就感。同时，教师还可以设计一些有趣的阅读活动，如阅读比赛、阅读角色扮演、阅读分享等，让学生在参与活动的过程中提高阅读能力和兴趣。

情趣化阅读教学旨在培养学生的阅读能力和阅读习惯。教师可以通过教授阅读策略、提供阅读指导和反馈等方式，帮助学生提高阅读理解、阅读速度和阅读技巧。同时，教师还可以通过鼓励学生多读、广泛阅读，培养学生的阅读习惯和自主阅读能力。例如，教师可以组织学生参加阅读俱乐部、设置阅读挑战等，激发学生的阅读兴趣和积极性。情趣化阅读教学注重关注学生的情感体验和思维发展。教师可以通过引导学生表达阅读感受、分享阅读体验等方式，帮助学生建立积极的阅读情感和态度。同时，教师还可以通过提问、讨论等方式，引导学生深入思考、分析和评价阅读材料，培养学生的批判性思维和创造性思维能力。情趣化阅读教学强调与其他学科的融合。教师可以通过选择与其他学科相关的阅读材料，将阅读与其他学科的知识和技能相结合，提高学生的综合素养和学科能力。例如，教师可以选择与科学、历史、地理等学科相关的阅读材料，让学生在阅读中了解和掌握相关的学科知识。

2. 初中语文情趣化阅读教学的目标

（1）对学生进行情感熏陶

情感熏陶通过精心挑选的文学作品，引导学生感受作品中的情感，培养学生的情感体验和情感表达能力。具体来说，情感熏陶主要包括以下几个方面。培养学生的情感体验能力。情感体验是指学生通过阅读文学作品，感受其中的情感，与作品中的人物产生共鸣。通过情感体验，学生可以更好地理解作品的内涵和情感表达，进一步培养学生的情感意识和情感表达能力。培养学生的情感表达能力。情感表达是指学生通过语言、文字等方式将自己的情感表达出来。情趣化阅读教学可以通过让学生模仿文学作品中的情感表达方式，培养学生的情感表达能力。培养学生的情感管理能力。情感管理是指学生在面对各种情感时，能够理性地认识和处理自己的情感。情趣化阅读教学可以通过引导学生分析文学作品中人物的情感变化和情感处理方式，培养学生的情感管理能力。

（2）调动学生学习兴趣

教学内容的选择是调动学生学习兴趣的关键。在初中语文情趣化阅读教学中，应选择与学生生活经验相关、富有情感色彩的文本作为教学材料。这样的文本能够引起学生的共鸣，激发学生的情感体验和思考，增加学习的乐趣。例如，可以选择一些有趣的小故事、寓言故事、童话故事等作为教学材料，这些故事情节曲折、富有想象力，能够吸引学生的注意力，激发他们的阅读兴趣。教学方法的运用也是调动学生学习兴趣的重要手段。在初中语文情趣化阅读教学中，教师可以采用多种多样的教学方法，如游戏教学、小组合作学习、角色扮演等，以激发学生的学习兴趣。例如，可以设计一些有趣的游戏，如"猜谜游戏""接龙游戏"等，让学生在游戏中学习，增加学习的趣味性和互动性。同时，教师还可以组织学生进行小组合作学习，让学生在小组中共同探讨问题、解决问题，培养学生的合作意识和团队精神。此外，教师还可以引导学生进行角色扮演，让学生扮演文本中的角色，亲身体验故事情节，增加学习的趣味性和参与感。

教师的引导也是调动学生学习兴趣的重要环节。在初中语文情趣化阅读教学中，教师应起到良好的示范作用，引导学生主动参与到学习中来。教师可以通过提问、讲解、示范等方式，引导学生思考问题、解决问题，激发学生的学习兴趣。同时，教师还应注重对学生的情感体验和思维方式的引导，让学生在情感上与文本产生共鸣，从而增加学习的动力和兴趣。例如，教师可以通过讲解文本中的情感表达方式，引导学生体验文本中的情感，培养学生的情感认知和情感表达能力。

（3）培养和塑造学生个性

情趣化阅读教学通过选择优秀的文学作品，引导学生欣赏文学作品中的美，培养学生的审美情趣。在教学中，可以通过展示文学作品的插图、音频、视频等多媒体形式，让学生感受到文学作品中的美，激发学生对文学作品的兴趣和欣赏能力。可以引导学生进行文学作品的创作和表演，培养学生的审美能力和创造力。情趣化阅读教学通过引导学生进行文学作品的解读和分析，培养学生的独立思考能力。在教学中，可以通过提问、讨论等方式，引导学生思考文学作品中的主题、人物形象、情节等问题，激发学生的思考欲望，培养学生的独立思考能力。

情趣化阅读教学通过引导学生进行文学作品的创作和表演，培养学生的创新意识和创造力。在教学中，可以通过让学生进行文学作品的改编、创作和表演，激发学生的创新意识和创造力。可以通过组织文学作品的演讲比赛、创作比赛等活动，培养学生的创新意识和创造力。情趣化阅读教学通过引导学生感受文学作品中的情感和价值，培养学生的情感态度和价值观。在教学中，可以通过让学生体验文学作品中的情感，引导学生思考文学作品中的价值观，激发学生的情感共鸣和价值认同。还可以通过讨论、写作等方式，引导学生表达自己的情感态度和价值观，培养学生的情感态度和价值观。

3. 初中语文情趣化阅读教学的策略

（1）重视整体艺术感受

在教学中，要引导学生从整体上感受文学作品的美感和艺术魅力。可以通过朗读、解读、分析等方式，让学生全面地了解文学作品的情节、人物、语言、结构等方面，从而使他们能够把握作品的整体意义和情感，感受到作品所传达的美感和艺术魅力。在教学中，要注重培养学生的审美情趣，使他们能够欣赏和鉴赏文学作品的美。可以通过让学生欣赏名著改编的电影、音乐、舞蹈等艺术形式，让他们感受到文学作品的多样性和艺术表现力，从而培养他们的审美情趣。

在教学中，要引导学生进行艺术鉴赏，使他们能够理解和评价文学作品的艺术价值。可以通过让学生分析作品的语言运用、形象描写、情感表达等方面，让他们能够理解作品的艺术特点和表现手法，从而培养他们的艺术鉴赏能力。在教学中，可以通过创设情境，提升学生的阅读体验。可以通过布置角色扮演、情景再现等任务，让学生身临其境地感受文学作品的情节和人物，从而增强他们的阅读体验和情感共鸣。在教学中，可以开展艺术创作活动，让学生通过自己的创作来表达对文学作品的理解和感受。可以组织学生进行文学创作、绘画、音乐创作等活动，让他们通过艺术创作来深入理解文学作品的内涵和情感，从而提高他们的整体艺术感受能力。

（2）重视语言品位

语言品位是指对语言的敏感度和鉴赏力，是一种对语言的审美能力。培养学生的语言品位对于提高学生的阅读能力和写作能力具有重要意义。语言是人类交流的工具，也是文学艺术的表达方式。通过培养学生的语言品位，可以使学生更好地理解和欣赏文学作品，提高阅读的深度和广度。同时，语言品位也是写作的基础，只有具备良好的语言品位，才能够写出优美、有感染力的文章。因此，培养学生的语言品位是提高学生阅读能力和写作能力的关键。

培养学生语言品位的方法多种多样。教师可以通过讲解文学作品的语言特点和艺术魅力，引导学生去感受和体验其中的美感。例如，教师可以选取一些优美的诗歌或散文，让学生朗读并品味其中的语言之美。教师可以通过让学生参与到文学创作中，培养学生的语言品位。例如，可以让学生模仿一些经典的文学作品，写一篇自己的作品，通过模仿和创作，让学生更好地理解和运用语言。教师还可以通过课外阅读、课堂讨论等方式，拓宽学生的阅读视野，培养学生的语言品位。

在初中语文情趣化阅读教学中要重视语言品位。情趣化阅读是指在教学过程中注重培养学生的兴趣和情感，使学生在阅读中能够获得快乐和满足感。语言品位是情趣化阅读的重要组成部分，只有学生具备了良好的语言品味，才能够真正体会到文学作品中的情感和美感。因此，在初中语文情趣化阅读教学中，教师应该注重培养学生的语言品位，通过讲解文学作品的语言特点和艺术魅力，引导学生去感受和体验其中的美感，激发学生的阅读兴趣和情感。

（3）以感情熏陶感染学生

通过情感的熏陶和感染，激发学生对文学作品的兴趣和热爱，提高学生的阅读理解能力和文学素养。初中语文情趣化阅读教学能够培养学生的情感体验和情感表达能力。在教学过程中，教师可以通过朗读、演讲、表演等方式，将文学作品中的情感表达出来，让学生感受到其中的情感力量。同时，教师还可以引导学生通过绘画、写作、演绎等方式，表达自己对文学作品的情感体验。通过这样的教学方式，学生不仅能够更好地理解文学作品，还能够培养自己的情感体验和情感表达能力。在教学过程中，教师可以选择一些富有情感的文学作品，如诗歌、散文、小说等，让学生在阅读中感受到文学的魅力。同时，教师还可以通过讲解文学作品的背景故事、作者的创作心情等，增加学生对文学作品的兴趣和热爱。通过这样的教学方式，学生会对文学产生浓厚的兴趣，主动去阅读和欣赏文学作品。在教学过程中，教师可以引导学生通过情感的熏陶和感染，深入理解文学作品中的情感表达和思想内涵。同时，教师还可以通过让学生参与文学作品的创作、演绎等活动，提高学生的文学素养和创造力。通过这样的教学方式，学生不仅能够提高自己的阅读理解能力，还能够培养自己的文学素养和创造力。

（4）重视学生的情感体验

情感体验是学生对文本的情感反应和情感认知。学生在阅读过程中会产生各种情感，这些情感体验是学生对文本的情感反应。教师应该引导学生表达自己的情感体验，通过分享和交流，让学生感受到自己的情感被认可和尊重，从而增强学生的自信心和学习动力。情感体验是学生对文本的情感认知。学生通过阅读文本，可以感受到文本中的情感，理解人物的情感变化和情感表达，从而提高自己的情感认知能力。教师可以通过提问和讨论，引导学生深入思考文本中的情感，培养学生的情感洞察力和情感理解能力。

教师可以通过布置温馨的教室环境，选择适合学生年龄和兴趣的文本，创设情感体验的氛围。例如，在教学中可以使用音乐、图片、视频等多媒体手段，让学生在欣赏文本的同时，感受到音乐和图像带来的情感冲击。教师可以通过提问、讨论、写作等方式，引导学生表达自己的情感体验。例如，在阅读一篇描写大自然的文章时，教师可以问学生：你在阅读这篇文章时，有什么感受？你觉得自然界的景色给你带来了什么样的情感？通过这样的引导，学生可以更加深入地思考和表达自己的情感体验。教师可以组织学生进行小组讨论或班级分享，让学生有机会分享自己的情感体验。通过分享，学生可以互相倾听和理解，从而增强彼此之间的情感交流和情感认同。教师应该关注学生的情感需求，尊重学生的情感体验，给予学生情感上的支持和关怀。例如，当学生在阅读过程中遇到困惑或情感上的困扰时，教师可以及时与学生进行沟通，给予学生积极的情感引导和帮助。

（5）追求情与理的完美结合

情趣化阅读教学要注重培养学生的情感体验和审美能力，通过让学生阅读优秀的文学作品，引导他们感受作品中的情感和情绪，培养他们的情感体验能力。还要引导学生欣赏文学作品中的美，培养他们的审美能力。例如，在教学中可以选择一些优秀的诗歌、散文或小说，让学生朗读、欣赏，并引导他们从中感受到诗歌的美、散文的美或小说的美。通过这样的方式，可以激发学生的阅读兴趣，提高他们的语文素养。情趣化阅读教学还要注重培养学生的创造力和想象力，通过让学生阅读一些富有想象力的文学作品，引导他们进行联想和想象，培养他们的创造力和想象力。例如，在教学中可以选择一些科幻小说或奇幻故事，让学生阅读并进行想象，让他们想象自己身临其境，体验其中的奇妙世界。通过这样的方式，可以激发学生的创造力和想象力，提高他们的语文素养。

情趣化阅读教学不仅要注重培养学生的情感体验和审美能力，还要注重培养学生的思维能力和逻辑思维能力。通过让学生阅读一些具有思辨性的文学作品，引导他们思考作品中的问题，培养他们的思维能力。还要引导学生分析作品中的逻辑关系，培养他们的逻辑思维能力。例如，在教学中可以选择一些具有哲理性的短篇小说或寓言故事，让学生阅读并思考其中的道理和寓意。通过这样的方式，可以培养学生的思维能力和逻辑思维能力，提高他们的语文素养。情趣化阅读教学还要注重培养学生的批判思维和鉴赏能力，通过让学生阅读一些具有争议性的文学作品，引导他们进行思辨和评价，培养他们的批判思维和鉴赏能力。例如，在教学中可以选择一些具有争议性的小说或文章,让学生阅读并进行讨论,让他们从不同的角度去思考和评价作品。通过这样的方式,可以培养学生的批判思维和鉴赏能力,提高他们的语文素养。

第四节 初中快乐语文的写作教学策略

一、写作教学概述

(一)"主体参与"原则在写作教学中的应用

"主体参与"就是通过教师对学生参与学习的启发、引导、鼓励和学生对学习活动的积极主动参与来体现教师的主导作用和学生的主体作用的。在写作教学中运用"主体参与"原则,即要让学生最大限度地参加到写作的全过程中,在教师指导下,充分发挥学生的主观能动性,使其真正成为认识的主体、学习的主人。

1. 让学生多写、多听、多读、多说

要想提高学生的写作水平当然得多写多练,除了让学生写每单元的"写作训练"之外,还可以做如下内容。

结合课文进行段、篇的仿写。叶圣陶先生说:"教材无非是例子。"因此要把教材这个例子运用好,要让学生能由此及彼,举一反三,触类旁通。讲课文要求学生至少能有一得,就这一得再作一次仿写,简称"一课一得一写"。一般多是片断练习,这样既不会增加学生的学习负担,又能使课文"学以致用",使写作有法可依,从而提高学生的综合语文水平。

周记训练。周记,一周一记,内容不限,要求学生在周内多观察、多思考,把那种让你产生如鲠在喉、不吐不快之感的材料表现出来,这样切合学生的实际,他们不会无话可说。文章内容多反映学生的学习、生活、思想、情绪、兴趣、爱好等,锻炼了学生的观察能力,同时也激发了他们积极思维的能力。体裁是要限定的,大纲规定,初中重在记叙、说明、读后感等各种文体的训练及各种表达手法的综合运用。因而可以要求周记按记叙文、说明文、读后感这个顺序循环写,否则,学生就会凭着自己的喜好专写某一种体裁，一学期下来或多是记叙文或多是议论文等，这样就不能锻炼学生的综合能力。周记训练，激发起了学生浓厚的写作兴趣，也培养了学生良好的写作习惯。

2. 让学生自（互）批、自（互）改、自（互）评作文

参与精神是人的一种基本的品质特征，在青少年身上表现得尤为强烈，他们每个人都有一种充分显示个人存在价值的基本需要。因此，可以把作文的批改权交给了学生，让学生自己批改作文。

大纲上也是这样要求的："要有计划地培养学生自己修改作文的习惯和能力，可指导他们自己修改，或组织他们互相修改。"叶圣陶也说："改与作关系密切，改的优先权应该属于写作的本人。"那么，学生如何批改作文呢？方式是多样的，可小组批，也可个人批，可以采用后一种方式。每位学生只批改一篇，负担不重，自己的除外，因为学生看自己的作文总看不出什么毛病，而看别人的作文时眼睛就特别"亮"，总爱挑"刺儿"。让学生尽量每批一次，就换一个人，每次都是新面孔，有新鲜感，也让学生能尽快地熟悉每一位同学，了解每一位同学的写作水平及自己在其中所处的位置，"知己知彼，方能百战不殆"。这样，批到好的作文学生也不会像读优秀的范文那样，觉得很神秘，离自己很远，可望而不可及，而是觉得很贴近、很实在，能找到具体的学习目标，尽快地学到人家的长处来弥补自己的短处；同样，批到不好的作文那也像面镜子可以照出自己常犯的错误，那他也就能避免了。

作文具体批改些什么呢？可以把修改文章的常用符号介绍给大家，让他们记在小卡片上，先让他们掌握工具，有增补号、删除号、调位号、换用号、连续号、分段号、后移号、保留号、留空号等，然后进行专项训练，如找出错别字，找出病句，找出用错的标点符号，看字迹是否工整。

除了让学生自己批改作文，在讲评作文上可以让学生自己讲评。如《孔乙己》这一课后练习要求学生自己改写文章最后的结尾。学生写后，让学生自己批改，收上来从中挑选出几份各类问题有代表性的文章，课堂上，读文章（有时一篇，有时两篇比较），由学生讲评，大部分同学能一针见血地指出文章的长处和存在的不足，教师适时加以补充、总结。这样课堂气氛很活跃，也锻炼了学生的语言表达、思维等综合能力。

魏书生说："要使学生成为学习的主人，就必须引导学生多参与教学，即不仅参与学，而且参与教。参与得多了，才会增强学生的主人翁意识。"在写作教学指导"写作→批改→讲评→再写作"的整个过程中，时时刻刻注意让学生在写作中学会参与，在参与中学会写作。

（二）学生写作心理能力的培养

长期以来，人们把写作水平的高低作为衡量一个人语文水平高低的重要标准。在中学语文教学中，写作教学占据着重要的地位，甚至可以说是语文教学中的重头戏。

写作是一项复杂的心智技能。考察写作的一般过程，写作者往往经历观察事物、认识生活、获得体验、萌发写作动机、调动生活积累、构思写作蓝图、运用语言表达等一系列的心智活动。写作过程，实际上就是一个以生活为内容、以言语为凭借、以思维为核心的多种心理因素积极参与的过程。因此培养写作心理能力尤为必要。

所谓写作心理能力，就是指人们从事写作活动时表现出来的个性心理特征。构成写作心理能力的主要因素有：观察力、思维力、语言表达力，还有兴趣、意志、注意力等其他心理因素。这些能力贯穿于搜集材料、确定中心、选择材料、安排结构、驾驭语言、修改文章等写作的各个环节之中，它们相互渗透，形成一个多层次的整体。那么，怎样培养学生的写作心理能力呢？夸美纽斯指出："师傅并不用理论去阻留他们的徒弟，就叫他们做实际工作。比如，他们从锻炼去学锻炼，从雕刻去学雕刻，从画图去学画图，从跳舞去学跳舞。所以，在学校里面，要让学生从书写去学书写，从谈话去学谈话，从唱歌去学唱歌，从推理去学推理。"叶圣陶先生也讲过："写作，和阅读比较起来，尤其偏于技术方面。凡是技术，没有不需要反复历练的。"要"不断练，练的功夫到家了，才能得心应手，心里明白，手头纯熟"。

1. 激发学生的写作兴趣，让学生想写

学生写作就像小孩儿学步，有一个从扶到放的过程。初学时要老师扶上路，上路后应放手让他们自己走或者跑，到了一定时候，他们就会一步一个脚印，健步前行。古人云："作文之体，初欲奔驰。"（欧阳修：《与渑池徐宰》）"初学写作，必促之使放，放之如野马踢跳咆嗥，不受羁绊，久必自厌而收束矣。"（王筠：《教童子法》）这就告诉我们要鼓励学生大胆写作，千万不可限制过多，影响学生的写作兴趣。写光明面固然不错，写阴暗面也应无妨；写典型自然不错，写琐事未尝不可；慷慨激昂应肯定，哀怨低回不宜厚非；朴实值得提倡，华丽未必不好。要把写作训练与发展个性结合起来。

2. 培养学生的观察力，促使学生有所写

没有写作材料，任凭你有多大的写作兴趣最终也写不出文章来。观察是学生攫取生活素材的一条重要途径。世界著名作家海明威指出："如果一个作家停止观察，那他就完蛋了。"从心理学上讲，观察是一种有意识有目的的知觉过程，他不只是用眼睛看，而且要用耳朵听，鼻子闻，舌头尝，手摸，脚踩，肌肤接触，通过各种感觉器官的直接感知，广泛伸展到各个领域中去，捕捉事物的特征和事物间的联系，了解大千世界，积累感性材料，提炼写作素材。可以像苏霍姆林斯基一样，把学生带到美丽的大自然中去，让他们去观察、感受、思考。也可以有计划有目的地组织学生深入到社会生活中去，到城市，到农村，到工厂，到街道，到商店，到医院，到工地，了解不同人不同的生活，教师从旁点拨暗示，引导学生用自己的感官感知世界，获取种种形象。

3. 提高学生的思维力，帮助学生会写

如果说观察是写作的基础、写作的起点的话，那么思维则是写作的重心、关键。观察重要，但不是万能的。观察为我们提供了大量的生动的丰富的感性材料，然而这些材料还不能算成品，从观察生活到写出文章，中间还有相当长的一段距离，而思维则是其间必经的通道与桥梁。

所谓思维力，就是"人们在进行思维活动时所表现出来的个性心理特征"。观察力主要指直接认识事物的能力，思维力则主要指间接地、概括地认识事物的能力。在写作的诸多心理能力中，思维力居核心地位。

提高学生的思维力，读写评析是一条重要而有效的途径。古人所说"俯而读，仰而思"，就指思维与读书结合在一起。一方面，通过读书获得的知识为思维提供了极为丰富的材料；另一方面，通过读书可以学习作者是怎样思考的，从而在思维的指导思想、思维的过程和思维的方法方面得到启发。

具体地说，要做到以下几方面：读书时要把自己摆进去，设身处地地思考。南宋学者吕祖谦介绍过他读史书时的方法："观史当如身在其中。见事之利害，时之祸患，必掩卷自思，使我遇此等事，当作何处之？如此观史，学问亦可以进，知识亦可以高，方为有益。"这种原则在读其他书时同样适用。一本书或一篇文章到手，先不看正文，而是先琢磨一番，这个题目若让我去写，该如何入手，如何发挥。然后再看作品，边看边对照边思考，收效必大。

其次，读书要善于生疑，多问几个为什么。思维创造力强的人恰恰是那些善于生疑的人。爱因斯坦说过，我没有什么特殊的才能，不过喜欢寻根刨底地追究问题罢了。王充也说："不学不问不能知也。"只有勤于思维，善于生疑，才能提高思维力。要养成写读书笔记的好习惯。读书笔记是促使读书与思维相结合的一种好形式。提倡学生自觉地进行大量的课外练笔，是提高学生思维力的又一途径。这种课外进行的文体不拘、篇幅不限、命题取舍自由的超常量的反复写作历练，本身是对学生写作过程中的观察、感受、思考、想象、分析、抽象、聚合等思维活动的一次次反复的思维训练，这对于学生思维由浅显到深刻、由糊涂到明晰起到了极好的催化作用。

4. 提高学生的语言表达力，让学生写好

写好文章有了材料，也有了清晰的思维，还必须有运用语言表情达意的能力，即语言表达力。语言表达力中的语言，包括口头语言和书面语言。而对于写作者来说，指的是书面语言。写作中的语言表达力，从心理学意义上讲，实际上是一种言语操作能力。言语操作是一种比较复杂的心理外化过程。有效的言语操作应当对于所记忆、储存的言语符号正确感知、理解并加以准确外化。而在外化的过程中，思维和语感始终参与辨别和调节，以保证操作的准确性并提高表达效果。由此可见，语言表达力，其内核是思维力，而其外化形态则表现为语词与文章结构等书面语言形态，因此语言表达力同样是写作中一个重要的心理能力。文章写得好不好，从外显的形态上看，关键是看语言表达好不好。

提高语言表达力，必须在社会生活中锻炼语言习得。理论认为，语言习得是一个人在语言环境中获得母语的能力。语言习得在人的写作能力的发展中起着十分重要的作用。一个人的语言习得越丰富，则这个人的写作能力就越强，用语就越准确和精彩。而这种语言习得只有在生活交际中才能得到发展。教会学生模仿名家名作，学会创造。从模仿到创造，是学生写作的一般规律。模仿是创造的基础，创造是模仿的归宿；由仿而创，先规矩而后精巧，从合格到破格，这是形成创造力的基本规律。训练语言，离不开写作实践。语言表达能力只有在写作实践中才能提高。文体不拘、篇幅不限、课内外结合的超常量的写作训练，对提高学生的语言表达能力起到功不可没的作用。只有反复地进行历练，才能激发学生的语言表达潜能，丰富学生的语言习得，使学生写起文章来妙笔生花。

（三）写作教学的三个原则

1. 坚持思维创新，让学生走进写作的自由空间

写作教学要在吸收传统写作教法精华的同时进行创新。创新是写作教学保持鲜活生命的活力之源。这就要求教师的思维不断创新，以此来培养学生的创新思维。例如对一棵古松的态度，有的学生写它的经济价值，有的学生谈它的枝、叶、果，有的学生感知到的只是一棵苍劲挺拔的古树，有的学生看到青松就联想到它在重压下面"挺且直"的高尚品格。再如对"雪融化后变成了什么"这一问题的回答，有人说是水，有人说是小溪，而有人却说是春天，如此种种，孰是孰非？教师若能在平时教学中坚持多角度、多层次、开放性的思维创新训练，学生的思想也必定冲出樊笼，进入创新的自由空间。

2. 坚持"因材施教"，让每个学生都体验到成功的喜悦

正常的写作教学每学期一般有10篇左右的写作量。有的学生刚好能完成任务，有的学生却写了几十篇，且质量都不错，也有学生几乎连一篇成功的文章也拿不出来。"大一统"的写作教学，弊端显而易见。

心理学研究表明，符合学生客观实际且能把握学生层次的写作教学目标，才能激发学生的写作动机。因此，教师在写作教学中确定学期、单元、课时教学目标时，更要注意学生的个体差异，按照其实际写作水平，提出不同的目标要求，让学生循序渐进地学习。对写作能力强的学生，老师应鼓励他们参加各种读书、征文比赛活动，鼓励他们向省内外报刊投稿；对写作水平中等的学生，老师应要求他们每学期至少写出1~2篇质量上乘的佳作，在校刊上发表；对写作能力较差的学生，甚至可以每学期只让其写一篇文章，写完之后，先自己修改，然后在老师指点下反复修改，并搞清楚为什么修改。别人写10篇文章，他把自己的文章修

改 10 遍，岂不也会改出一篇佳作？长此以往，各个水平上的学生都能达到自己的目标，体验到成功的喜悦，进而爱上写作。

3. 坚持追求"真、善、美"，培养学生健康的人格

朱光潜先生曾说过"真、善、美三者俱备才可以算是完全的人"。语文特别是写作教学有义务承担这个把学生培养成为"完全的人"的重任。语文教材（文章）中，不仅有一定的语文知识量，而且通过其语言文字形式，表现出一定的美的境界、美的形象、美的情感等，蕴含着一定的思想内容。通过教学，这些语言文字形式、思想蕴含、美感形态，就使学生求得了"真"，获得了"善"，达到了"美"。因此，要想让学生真正获得"真、善、美"的熏陶，培养学生健康的人格，教师就应该引导学生对生活认真观察、深入思考，在写作中说真话、写实事（允许合理虚构）、吐真情；让学生通过语言的各种形式去认识美、表现美、创造美。刘勰说："夫缀文者情动而辞发，观文者披文以入情。"学生在阅读中感受真、善、美，在写作中表现真、善、美，双方的互动定会带给学生一个健康的人格。

（四）初中语文写作教学内容

1. 写作基础知识的讲解

主题思想是写作的灵魂，是写作的核心内容。在写作中，学生需要明确自己要表达的主题思想，即写作的中心思想、主题或观点。主题思想要具有独立性、鲜明性和深刻性，能够引起读者的共鸣和思考。在教学中，可以通过让学生阅读优秀的作文，引导他们从中找出作文的主题思想，并进行分析和讨论。同时，也可以通过给学生提供一些主题，让他们进行写作练习，培养他们的主题思想的敏感性和把握能力。结构安排是写作的框架，是写作的组织方式。一个好的结构安排能够使文章条理清晰、层次分明，使读者能够很好地理解和接受文章的内容。在教学中，可以通过让学生学习一些常用的结构安排方式，如总分总结构、因果推理结构、对比结构等，让他们了解不同结构的特点和运用方法。同时，也可以通过给学生提供一些写作题目，让他们进行结构安排的练习，培养他们的结构安排能力。

语言表达是写作的外在形式，是写作的工具和手段。一个好的语言表达能够使文章生动、形象，使读者产生共鸣和感受。在教学中，可以

通过让学生学习一些常用的修辞手法，如比喻、拟人、夸张等，让他们了解不同修辞手法的特点和运用方法。同时，也可以通过给学生提供一些写作素材，让他们进行语言表达的练习，培养他们的语言表达能力。情感表达是写作的情感色彩，是写作的情感表达方式。一个好的情感表达能够使文章充满情感、感人心弦，使读者产生共鸣和情感共鸣。在教学中，可以通过让学生学习一些情感表达的技巧，如描写细腻、情感真挚等，让他们了解不同情感表达的特点和运用方法。同时，也可以通过给学生提供一些情感素材，让他们进行情感表达的练习，培养他们的情感表达能力。

修辞手法是写作的艺术手段，是写作的独特表达方式。一个好的修辞手法能够使文章生动、形象，使读者产生共鸣和感受。在教学中，可以通过让学生学习一些常用的修辞手法，如比喻、拟人、夸张等，让他们了解不同修辞手法的特点和运用方法。同时，也可以通过给学生提供一些写作素材，让他们进行修辞手法的练习，培养他们的修辞手法运用能力。文采风格是写作的个性特色，是写作的独特风格。一个好的文采风格能够使文章生动、有趣，使读者产生共鸣和感受。在教学中，可以通过让学生学习一些优秀作家的作品，让他们了解不同文采风格的特点和运用方法。同时，也可以通过给学生提供一些写作素材，让他们进行文采风格的练习，培养他们的文采风格表达能力。

2. 写作素材的积累和拓展

通过观察生活、阅读名著和积累词汇，可以帮助学生拓宽思路，丰富写作内容，提高写作水平。

学生可以通过观察身边的人和事，发现生活中的细节和独特之处，从而获得写作的灵感。在教学中，可以通过以下方法来引导学生观察生活。提倡学生多出去走走，多参与社会实践活动，如参观博物馆、参加社区志愿者活动等。这样可以让学生接触到不同的人和事，拓宽视野，丰富写作素材。引导学生细致观察身边的人和事物。可以通过观察日常生活中的细节，如人们的表情、举止、言谈举止等，让学生发现其中的情感和冲突，从而写出生动有趣的文章。鼓励学生写日记。学生可以记录自己每天的所见所闻，思考自己的感受和体会。这样可以培养学生的观察力和思考能力，同时也为写作提供了丰富的素材。

名著中的人物形象、情节和思想都可以成为学生写作的素材。选择适合学生阅读的名著。可以根据学生的年龄和阅读水平，选择一些经典的名著，这些名著中的人物形象和情节非常丰富，可以为学生提供写作的素材。引导学生深入思考名著中的人物形象和情节。可以通过提问的方式，让学生思考人物的性格特点、行为动机以及情节的发展和转折等。这样可以帮助学生理解名著的深层含义，同时也为写作提供了丰富的素材。鼓励学生模仿名著中的写作风格。学生可以选择自己喜欢的名著，模仿其中的写作风格，写一些类似的文章。这样可以帮助学生熟悉名著中的语言和结构，提高写作水平。

　　词汇是写作的基础，积累词汇可以帮助学生丰富写作内容，提高写作表达能力。教学中注重词汇的积累。可以通过课堂教学、课外阅读等方式，教授学生一些常用的词汇和短语。同时，还可以教授一些形象生动的词汇，如形容词、动词等，让学生在写作中能够更加生动地描写人物和事物。鼓励学生背诵诗歌和名句，诗歌和名句中的词汇往往非常精练，背诵可以帮助学生记忆和运用这些词汇。同时，学生还可以通过模仿诗歌和名句的写作风格，提高自己的写作水平。引导学生多读多写，通过多读多写，学生可以接触到不同类型的文章，积累更多的词汇。同时，还可以通过写作的实践，巩固和运用所学的词汇。

　　3. 写作题材的选择和训练

　　记叙文是初中语文写作教学中常见的一种类型。记叙文是通过叙述事件的发生过程，展示人物形象和情节发展的一种文体。在记叙文的教学中，可以选择一些生活中的小故事或者学生自己的经历作为写作题材，让学生通过叙述事件的经过、描写人物的形象和情感的表达来提高他们的叙述能力和描写能力。教师可以引导学生注意故事的起承转合，培养他们的故事结构意识和情节发展能力。

　　说明文是通过对事物的特点、原理、分类等进行解释和说明的一种文体。在说明文的教学中，可以选择一些学生熟悉的事物或者学科知识作为写作题材，让学生通过解释事物的特点、原理和分类来提高他们的逻辑思维和表达能力。教师可以引导学生注意说明文的结构和语言特点，培养他们的系统性思维和科学知识。

　　议论文是通过对问题的分析、观点的阐述和论证来表达自己的意见和观点的一种文体。在议论文的教学中，可以选择一些与学生生活和学习相关的话题作为写作题材，让学生通过分析问题、提出观点和论证论点来提高他们的思辨能力和论证能力。教师可以引导学生注意议论文的结构和语言技巧，培养他们的逻辑思维和辩证能力。

4. 写作过程的指导和实践

在写作教学中，要注重写作的准备工作。写作的准备包括对写作题目的理解和分析，对写作要求的明确和理解，以及对写作素材的收集和整理。教师可以通过解读题目，分析题目的要求和限制，引导学生对题目进行深入思考，明确写作的目的和意图。教师还可以通过讲解写作技巧和范文，提供写作素材和写作模板，帮助学生积累写作经验和提高写作能力。在写作教学中，要注重写作的构思和组织。写作的构思和组织是写作的关键环节，也是学生思维能力和逻辑思维能力的体现。教师可以通过讲解写作结构和写作方法，引导学生进行思维导图、提纲等构思工作，帮助学生理清思路和组织文章结构。教师还可以通过讲解过渡词和连接词的使用，引导学生进行段落的衔接和文章的连贯，提高文章的逻辑性和条理性。

在写作教学中，要注重写作的修改和提升。写作的修改和提升是写作过程中不可或缺的环节，也是学生语言表达能力和写作能力的提高之处。教师可以通过讲解修改的原则和方法，引导学生进行自我修改和互相修改，帮助学生发现和改正文章中的错误和不足之处。教师还可以通过讲解修辞手法和语言技巧，引导学生进行语言的优化和提升，提高文章的表达力和感染力。在写作教学中，要注重写作的实践和实际运用。写作的实践和实际运用是写作能力的检验和提高之处，也是学生语文素养的体现和提升之处。教师可以通过布置写作任务和写作练习，引导学生进行实际的写作实践，提高学生的写作能力和应用能力。教师还可以通过评阅学生的作文，给予及时的反馈和指导，帮助学生发现和改正写作中的问题，提高学生的写作水平和写作能力。

（五）初中语文写作教学评价

1. 学生的写作作品评价

（1）内容准确性评价

学生的写作作品应该有一个明确的主题或中心思想。评价时需要检查学生是否能够清楚地表达自己的主题，并且在整篇作文中贯穿始终。学生的写作作品应该包含丰富的内容，能够展示他们的思考和观察能力。评价时需要检查学生是否能够提供足够的细节和例子来支持他们的观点。学生的写作作品应该基于准确的事实和信息。评价时需要检查学生是否能够提供准确的事实和数据，并且能够正确引用和解释这些信息。学生的写作作品应该有清晰的逻辑结构，能够让读者理解和跟随他们的思路。评价时需要检查学生是否能够合理组织他们的观点和论据，并且能够使用适当的过渡词和句子来连接不同的段落和思想。学生的写作作品应该有明确的观点和立场。评价时需要检查学生是否能够清楚地表达自己的观点，并且能够提供合理的论据来支持他们的观点。

学生的写作作品应该使用准确、恰当的词汇和语法结构。评价时需要检查学生是否能够使用正确的词汇和语法，以及能够运用恰当的句式和表达方式来表达自己的思想。学生的写作作品应该有个人特色和风格。评价时需要检查学生是否能够展示自己的独特思考和表达方式，并且能够用自己的语言和声音来表达自己的观点。学生的写作作品应该有一定的创意和想象力。评价时需要检查学生是否能够提供新颖的观点和见解，并且能够用自己的方式来表达和展示这些创意。

（2）语言流畅性评价

学生写作作品中的词汇运用是否准确丰富也是评价语言流畅性的重要方面。学生是否能够运用恰当的词汇来表达自己的意思，是否能够使用一些高级词汇来提升文章的表达能力。词汇的准确运用能够使文章更加生动有趣，增强读者的阅读体验。学生写作作品中的句子连接是否流畅也是评价语言流畅性的重要指标之一。学生是否能够使用适当的连接词来连接句子，使文章的结构更加紧密，逻辑更加清晰。句子连接的流畅性能够使文章的阅读更加顺畅，增强文章的连贯性。学生写作作品中的篇章连贯性也是评价语言流畅性的重要方面。学生是否能够合理使用过渡词和连接词，使文章的篇章之间有一个自然的过渡，使整篇文章的结构更加紧密，逻辑更加清晰。篇章连贯性能够使文章的阅读更加顺畅，增强文章的连贯性。

（3）结构完整性评价

开头能够吸引读者的注意力，引起读者的兴趣，使其愿意继续阅读。

开头能够明确表达文章的主题，使读者能够清楚地了解文章要讨论的内容。开头能够简单介绍文章的背景，使读者能够更好地理解文章的内容。中间部分的内容能够按照一定的逻辑顺序进行展开，使读者能够理解作者的思路。中间部分的内容能够按照不同的段落进行划分，每个段落都有一个明确的主题，使读者能够清楚地了解每个段落的内容。中间部分能够通过举例、论证等方式充分地支持作者的观点，使读者能够更好地理解作者的意图。中间部分的语言表达流畅，句子通顺，使读者能够顺畅地阅读。结尾能够对全文进行一个简单的总结，使读者能够更好地理解文章的主题和内容。结尾能够提出一些观点或建议，使读者能够对文章的主题有更深入的思考。结尾能够引发读者的思考，使读者能够对文章的主题有更深入的理解。

整篇文章的结构能够按照一定的逻辑顺序进行展开，使读者能够理解作者的思路。整篇文章的结构能够按照不同的段落进行划分，每个段落都有一个明确的主题，使读者能够清楚地了解每个段落的内容。整篇文章的内容能够紧密联系，各个部分之间能够有一个良好的过渡，使读者能够理解作者的意图。

2. 学生的写作能力评价

（1）学生写作的观察力评价

学生在写作中能否选择到具有一定特点和特征的对象进行观察，如人物、事物、场景等。观察对象的选择应当具有一定的代表性和独特性，能够引起读者的兴趣和共鸣。学生在观察过程中能否捕捉到细节，并将其准确地描述出来。观察细节是写作的灵魂，它能够使作文更加具体、生动和有说服力。学生应当注重观察对象的外貌、动作、语言、环境等方面的细节，通过细致入微的描写，使读者能够感受到观察对象的真实存在。学生在观察过程中能否找到独特的观察角度，并将其表达出来。观察角度是写作的创新点，它能够使作文与众不同，给读者带来新鲜感和思考的启示。学生应当通过自己的思考和感悟，找到与众不同的观察角度，使作文更加独特和有个性。

学生在观察过程中能否准确地把握事物的本质和特点，并将其准确地表达出来。观察结果的准确性是写作的基础，它能够使作文更加真实、可信和有说服力。学生应当通过准确的观察和思考，将观察结果准确地呈现给读者，使读者能够真实地感受到观察对象的特点和特征。学生在观察过程中能否进行深入的思考和分析，并将其表达出来。观察思考的深度是写作的高级要求，它能够使作文更加深入、有思想和有启示。学生应当通过对观察对象的深入思考和分析，得出一些有价值的结论和见解，并将其表达出来，使读者能够从中得到一些有益的启示和思考。

（2）学生写作的思考力评价

学生在写作过程中是否能够准确理解题目要求，能否从多个角度思考问题，是否能够提出合理的观点和论证。评价标准可以包括：是否理解题目要求，是否有独立思考的能力，是否能够提出合理的观点和论证。学生在写作过程中是否能够合理组织思路，是否能够进行逻辑推理和论证，是否能够将观点和论据有机地连接起来。评价标准可以包括：是否有清晰的逻辑结构，是否能够进行合理的推理和论证，是否能够将观点和论据有机地连接起来。学生在写作过程中是否能够提出新颖的观点和论证，是否能够运用创新的思维方式和方法。评价标准可以包括：是否能够提出新颖的观点和论证，是否能够运用创新的思维方式和方法。学生在写作过程中是否能够运用文化知识和背景，是否能够理解和表达文化内涵。评价标准可以包括：是否能够运用文化知识和背景，是否能够理解和表达文化内涵。

（3）学生写作的表达能力评价

评价学生是否能够合理安排文章的结构，包括开头、中间和结尾的组织是否紧密有序，是否能够清晰地表达主题和观点。评价学生的语言表达能力，包括词汇的丰富程度、句子的结构和语法的正确性。要求学生能够使用恰当的词汇和句式，使文章更加生动、有趣。评价学生是否能够清晰地表达自己的思想和观点，是否能够用恰当的论据和例子来支持自己的观点。要求学生能够思路清晰，逻辑严密，能够用自己的话语表达出自己的观点。评价学生是否能够选择合适的内容来写作，是否能够围绕主题展开，是否能够用丰富的细节和描写来丰富文章的内容。要求学生能够有深度地思考问题，能够用自己的观察和体验来丰富文章的内容。

评价学生文章的连贯性，包括段落之间的过渡是否自然流畅，句子之间的衔接是否紧密。要求学生能够合理使用过渡词和连接词，使文章的结构更加紧凑。评价学生文章的观点和立意是否独特和深刻，是否能够引起读者的共鸣。要求学生能够有自己独特的思考和见解，能够用自己的观点来影响读者。评价学生是否能够运用恰当的修辞手法来丰富文章的表达，包括比喻、拟人、夸张等修辞手法。要求学生能够灵活运用修辞手法，使文章更加生动有趣。评价学生文章的语气和态度是否得体，是否能够根据不同的写作题材和写作目的选择合适的语气和态度。要求学生能够根据需要选择合适的语气和态度，使文章更加贴近读者。

二、初中快乐语文写作教学方法

（一）语文写作示范教学法

1. 教师展示写作过程和技巧

教师可以根据教材内容或学生的实际情况确定写作主题，确保主题具有一定的针对性和实用性。教师在确定写作主题后，应向学生详细讲解写作要求，包括写作的目的、对象、内容和结构等，让学生明确写作的目标和要求。教师可以通过展示自己的写作思路，引导学生了解写作的整体思路和逻辑结构。可以使用思维导图、提纲等方式，将写作思路清晰地展示给学生。教师可以在黑板上或投影仪上展示自己的写作过程，包括构思、写作、修改等环节。在写作过程中，教师可以逐步解释自己的思考和决策过程，让学生了解写作的具体步骤和技巧。教师可以选择一篇优秀的范文，对其进行解读和分析，让学生了解范文的结构、语言运用和思维方式。通过对范文的解读，学生可以更好地理解写作的要求和标准。教师可以将自己的写作稿进行修改，展示修改的过程和技巧。可以讲解修改的原则和方法，让学生了解如何对自己的写作进行修改和提升。教师可以总结写作的经验和技巧，让学生了解写作的一些常见问题和解决方法。可以通过讲解一些写作技巧和注意事项，帮助学生提高写作水平。

教师可以通过展示自己的语言表达技巧，引导学生学习如何运用丰富的词汇、恰当的句式和生动的修辞手法来提升写作的表达力。教师可以通过展示自己的逻辑思维过程，引导学生学习如何合理地组织文章结构，使文章的内容条理清晰、层次分明。教师可以通过展示自己对细节描写的处理方式，引导学生学习如何通过细节描写来丰富文章的内容，使文章更加生动有趣。教师可以通过展示自己对修辞手法的运用，引导学生学习如何使用比喻、拟人、夸张等修辞手法来增强文章的感染力和说服力。教师可以通过展示自己对写作稿的修改过程，引导学生学习如何发现和改正自己的写作错误，提高写作的准确性和流畅性。

2. 引导学生观察示范作文的特点和亮点

示范作文的主题通常是明确的，能够清晰地表达出作者要表达的中心思想。学生可以通过观察示范作文的主题，了解如何选择一个合适的主题，并围绕主题展开写作。示范作文的结构通常是合理的，包括开头、中间和结尾三个部分。学生可以通过观察示范作文的结构，了解如何组织自己的写作，使文章结构更加紧凑和有条理。示范作文的语言通常是优美的，运用了一些修辞手法和表达方式，使文章更加生动有趣。学生可以通过观察示范作文的语言，学习如何运用一些修辞手法和表达方式，提升自己的写作水平。示范作文的观点通常是明确的，能够清晰地表达出作者的立场和态度。学生可以通过观察示范作文的观点，了解如何明确自己的观点，并用恰当的语言表达出来。

示范作文的开头通常能够引起读者的兴趣，使读者愿意继续阅读下去。学生可以通过观察示范作文的开头，学习如何运用一些引人入胜的句子或段落，吸引读者的注意力。示范作文的描述通常是细腻生动的，能够使读者感受到作者所描述的事物或情景。学生可以通过观察示范作文的描述，学习如何用生动的语言描绘事物或情景，使文章更加有画面感。示范作文的表达通常是准确恰当的，能够清晰地表达出作者的意思。学生可以通过观察示范作文的表达，学习如何用准确恰当的语言表达自己的思想和观点，避免模糊和含糊不清的表达。示范作文的结尾通常能够巧妙地收束全文，给读者留下深刻的印象。学生可以通过观察示范作文的结尾，学习如何用巧妙的方式结束文章，使整篇文章更加完整和有力。

让学生阅读示范作文，理解文章的主题和结构。学生可以先自己默读，然后再进行集体朗读，以便更好地理解文章的内容和语言。让学生分析示范作文的特点和亮点。可以提出一些问题，引导学生思考，例如：文章的主题是什么？结构是怎样的？语言有哪些亮点？观点表达是否明确？让学生进行讨论，分享自己的观察和理解。可以组织小组讨论或全班讨论，让学生互相交流和学习。让学生总结示范作文的特点和亮点，并进行归纳和概括。可以让学生写下自己的观察和总结，形成一份小结。

3. 分析示范作文的结构和语言表达

引导学生观察示范作文的整体结构。示范作文通常由开头、中间和结尾三个部分组成。开头部分主要是引入话题，激发读者的兴趣；中间部分是文章的主体，包括论点和论据的展开；结尾部分是总结和升华，给读者留下深刻的印象。引导学生分析示范作文的开头部分。开头部分通常包括背景介绍、引入话题和提出观点等内容。学生可以观察示范作文中的开头部分是如何引起读者的兴趣的，可以分析作者使用了什么样的句子和表达方式来吸引读者的注意力。引导学生分析示范作文的中间部分。中间部分是文章的主体，是作者展开论点和论据的地方。学生可以观察示范作文中的中间部分是如何组织的，可以分析作者使用了什么样的句子和段落结构来展开论点和论据，可以分析作者使用了什么样的过渡词和连接词来使文章的逻辑关系更加清晰。引导学生分析示范作文的结尾部分。结尾部分是对文章的总结和升华，是给读者留下深刻印象的地方。学生可以观察示范作文中的结尾部分是如何总结和升华的，可以分析作者使用了什么样的句子和表达方式来给读者留下深刻印象。

引导学生观察示范作文中的词语和句子。学生可以观察示范作文中使用了哪些词语和句子来表达作者的观点和情感，可以分析这些词语和句子的特点和优势。引导学生分析示范作文中的修辞手法。学生可以观察示范作文中使用了哪些修辞手法来增强文章的表达力和感染力，可以分析这些修辞手法的作用和效果。引导学生分析示范作文中的句子结构和段落结构。学生可以观察示范作文中使用了哪些句子结构和段落结构来使文章的逻辑关系更加清晰和连贯，可以分析这些句子结构和段落结构的特点和优势。引导学生分析示范作文中的语言风格和表达技巧。学生可以观察示范作文中使用了哪些语言风格和表达技巧来使文章更加生动和有趣，可以分析这些语言风格和表达技巧的特点和优势。

（二）语文写作教学的合作学习法

1. 合作学习法的定义和特点

（1）合作学习法的定义

合作学习法通过鼓励学生之间的合作和互动，促进他们共同学习和解决问题。这种方法强调学生之间的互助和合作，而不是传统的竞争和个人学习。合作学习法的目标是培养学生的团队合作能力、沟通能力、批判性思维和问题解决能力。合作学习法的核心理念是学生通过与他人合作来共同构建知识和理解。在合作学习中，学生被组织成小组，每个小组由两到六个学生组成。小组成员之间相互合作，共同完成学习任务。在这个过程中，学生可以互相交流和讨论，分享自己的想法和观点，共同解决问题。

合作学习法的实施需要教师的指导和组织。教师可以设定学习目标和任务，提供必要的学习资源和指导，监督学生的学习进程，并及时给予反馈和评价。教师还可以通过组织小组讨论、角色扮演、合作项目等活动来促进学生之间的合作和互动。合作学习法的优势在于它能够激发学生的学习兴趣和积极性。通过与他人合作学习，学生可以更好地理解和应用知识，培养批判性思维和解决问题的能力。此外，合作学习还可以提高学生的社交技能和团队合作能力，培养学生的领导才能和沟通能力。教师应该明确学习目标和任务，确保学生在合作学习中能够达到预期的学习效果。教师应该合理组织小组，确保每个小组的成员能够相互补充和支持。教师还应该提供必要的学习资源和指导，帮助学生解决问题和克服困难。教师应该及时给予学生反馈和评价，鼓励他们不断改进和提高。

（2）合作学习法的特点

合作学习法强调学生的主动参与和主导学习过程。学生在合作学习中扮演着积极的角色，他们需要自己思考问题、提出解决方案，并与其他学生进行讨论和合作。这种学习方式能够激发学生的学习兴趣和动力，提高他们的学习效果。合作学习法鼓励学生之间的互助和合作。学生在合作学习中可以相互交流和分享自己的想法和知识，帮助彼此解决问题和克服困难。通过与他人的合作，学生可以更好地理解和掌握学习内容，提高自己的学习能力。合作学习法强调学生之间的共同学习。学生在合作学习中可以共同制定学习目标、计划学习过程，并共同评价和总结学习成果。通过共同学习，学生可以相互借鉴和启发，促进彼此的学习和发展。

合作学习法能够促进学生的思维发展。在合作学习中，学生需要思考问题、提出解决方案，并与其他学生进行讨论和合作。这种思维活动可以激发学生的创造力和思维能力，培养他们的批判性思维和解决问题的能力。合作学习法可以培养学生的社交技能。在合作学习中，学生需要与其他学生进行交流和合作，这可以提高他们的沟通能力、合作能力和团队合作精神。这些社交技能对学生的学习和生活都具有重要的意义。合作学习法能够提高学生的学习效果。通过与他人的合作和互助，学生可以更好地理解和掌握学习内容，提高自己的学习能力。此外，合作学习还可以激发学生的学习兴趣和动力，提高他们的学习效果。合作学习法可以培养学生的团队合作精神。在合作学习中，学生需要与其他学生进行合作和协作，共同完成学习任务。这可以培养学生的团队合作意识和能力，提高他们的团队合作能力。合作学习法可以促进学生的跨学科学习。在合作学习中，学生可以与其他学生进行跨学科的交流和合作，从而拓宽自己的学科知识和视野。这对学生的综合素质和发展都具有重要的意义。

2. 合作学习法在语文写作教学中的应用价值

合作学习法可以提高学生的写作能力。写作是语文教学的重要内容之一，但是很多学生在写作过程中存在着诸多困难，如思路不清晰、表达不准确等。通过合作学习，学生可以相互讨论和交流，共同解决问题，提高自己的写作能力。在合作学习中，学生可以互相批改对方的作文，提出修改意见和建议，从而帮助对方改进自己的写作。同时，学生还可以通过合作学习，学习到其他同学的写作技巧和经验，丰富自己的写作思路，提高写作水平。合作学习法可以培养学生的合作精神。合作学习强调学生之间的互动和合作，要求学生在合作中相互尊重、互相帮助。在语文写作教学中，学生可以组成小组，共同完成写作任务。在小组中，学生需要相互协作，分工合作，共同完成写作任务。通过合作学习，学生可以培养团队合作意识和合作能力，学会与他人合作，共同解决问题。这对于学生的综合素质的培养具有重要意义。

合作学习法可以促进学生的综合素养。写作是一项综合性的任务，需要学生具备丰富的知识和综合素养。通过合作学习，学生可以在合作中学习到其他同学的优点和长处，从而提高自己的综合素养。在合作学习中，学生可以相互交流和分享自己的知识和经验，从而丰富自己的知识和视野。同时，学生还可以通过合作学习，学习到其他同学的学习方法和学习策略，提高自己的学习能力和学习效果。通过合作学习，学生可以全面发展自己的能力，提高自己的综合素养。

3. 合作学习法在初中语文写作教学中的具体实施

（1）小组合作学习的组成和分工

每个小组通常由3—5名学生组成，学生可以根据自己的兴趣和能力进行分组，也可以由老师进行分组。每个小组需要选出一名小组长，负责组织和协调小组的学习活动。小组长需要具备良好的组织能力和沟通能力，能够有效地分配任务和协调小组成员的合作。每个小组需要制定一些小组规则，如尊重他人、积极参与、互相帮助等。小组规则可以帮助小组成员建立良好的合作氛围，提高学习效果。小组合作学习需要提供一些学习资源，如教材、参考书、电子资料等。学生可以根据需要选择合适的学习资源，进行学习和讨论。

在小组合作学习中，每个小组成员需要承担不同的任务，共同完成学习任务。任务可以根据学生的兴趣和能力进行分配，如有的学生负责查找资料，有的学生负责整理资料，有的学生负责撰写文章等。在小组合作学习中，可以为每个小组成员分配不同的角色，如组长、记录员、发言人等。不同的角色有不同的责任和任务，可以帮助学生更好地发挥自己的优势，提高合作效果。在小组合作学习中，需要合理分配时间，确保每个小组成员都有足够的时间完成自己的任务。可以制定一个时间表，明确每个任务的完成时间，以及小组讨论和总结的时间。小组合作学习中，小组成员之间可以相互学习和交流，互相帮助。可以通过讨论、分享和批评等方式，促进学生之间的学习和进步。小组合作学习完成后，每个小组需要向全班展示自己的成果。可以通过口头报告、展示板、PPT等形式展示，让其他同学了解自己的学习成果。

（2）合作学习的步骤

在进行合作学习之前，教师首先要明确本次合作学习的目标。例如，学习如何写好记叙文、说明文或议论文等。学生也需要明确自己在本次合作学习中的角色和任务。教师根据学生的兴趣、能力和性格等因素，将学生分成小组。小组成员最好是能够互补的，既有写作能力较强的学生，也有写作能力较弱但有其他优势的学生。小组成员之间要有良好的沟通和合作能力。教师向学生明确本次合作学习的任务，例如，写一篇记叙文，要求包括开头、事件、结尾等要素。同时，教师还可以提供一些写作技巧和范例，帮助学生更好地完成任务。小组成员根据任务的要求，分工合作。例如，一个学生负责写开头，另一个学生负责写事件，最后一个学生负责写结尾。每个学生都要充分发挥自己的优势，同时也要互相协作，共同完成任务。小组成员在完成各自任务后，要进行讨论交流。他们可以互相分享自己的写作经验和技巧，提出改进意见，帮助彼此提高写作水平。同时，教师也可以组织学生进行互评，让学生学会欣赏和批评他人的作品。小组成员在讨论交流的基础上，将各自的部分整合成一篇完整的文章。在整合的过程中，他们要注意文章的连贯性和逻辑性，确保文章的内容和结构合理。小组成员完成整合后，可以向全班展示自己的成果。这不仅可以增加学生的自信心，还可以让其他同学从中学习到一些写作技巧和经验。教师可以对学生的合作学习进行评价，包括学生的写作水平、合作能力和表现等方面。同时，学生也可以对自己的合作学习进行反思，总结自己的不足和改进方向。

（3）合作学习的角色分配和互动方式

在合作学习中，每个学生都有自己的角色，通过角色分配可以使每个学生都参与到合作学习中，发挥自己的特长和优势。组长负责组织小组的学习活动，安排每个成员的任务，协调小组内部的关系，确保小组的学习进度和效果。记录员负责记录小组讨论的内容和结论，整理小组的学习成果，为小组的写作提供参考。发言人负责向全班汇报小组的学习成果和讨论结果，代表小组发言，与其他小组进行交流和讨论。时间管理者负责控制小组的学习时间，确保每个任务都能在规定的时间内完成，避免时间浪费和拖延。资料搜集者负责收集和整理与写作主题相关的资料，为小组的写作提供必要的素材和参考。通过以上的角色分配，每个学生都能在合作学习中发挥自己的作用，同时也能培养学生的组织能力、沟通能力和协作能力。

在合作学习中，学生之间的互动是非常重要的，通过互动可以促进学生之间的交流和合作，提高学生的学习效果。小组成员可以就写作主题展开讨论，分享自己的观点和想法，互相启发和补充，共同探讨问题的解决方法和写作的技巧。小组成员可以共同参与写作过程，相互修改和完善彼此的作文，互相提出建议和改进意见，使作文更加完美。小组成员可以相互帮助解决学习中的问题，共同攻克难关，提高学习效果。小组成员可以相互评价和鉴赏彼此的作品，发现优点和不足，互相借鉴和学习，提高自己的写作水平。

(4) 创设合作学习的情境和氛围

在写作教学中，教师可以设定一些合作学习的任务和目标，例如让学生合作完成一篇小说的开头部分，或者合作撰写一篇议论文。任务的设定要具有一定的挑战性和趣味性，能够激发学生的学习兴趣和合作热情。教师可以根据学生的兴趣、能力和性格特点进行分组，确保每个小组成员的角色互补，能够相互促进和帮助。同时，教师还可以根据学生的写作水平和目标设定不同的小组任务，让学生在合作中相互学习和提高。教师可以提供一些合作学习的资源和工具，例如提供一些写作范文、写作技巧和写作素材，让学生在合作中能够更好地借鉴和运用。同时，教师还可以提供一些合作学习的工具，例如小组讨论的规则和流程，让学生在合作中能够更加有序和高效地进行交流和合作。教师在合作学习中要及时提供指导和反馈，引导学生在合作中发现问题、解决问题和改进问题。教师可以通过观察小组讨论的过程和结果，及时给予学生一些指导和建议，帮助他们更好地完成合作学习的任务和目标。

学生在合作学习中要建立良好的合作关系，相互尊重、相互信任、相互支持。学生可以通过互相倾听、互相理解和互相帮助，建立起良好的合作氛围和合作关系。学生在合作学习中要积极参与，发表自己的观点和想法，与小组成员进行思维互动和交流合作。学生可以通过提出问题、分享经验和提供帮助，促进小组成员之间的学习和合作。学生要充分利用合作学习的资源和工具，例如阅读范文、学习写作技巧和收集写作素材。学生可以通过借鉴和运用他人的经验和观点，提高自己的写作水平和能力。学生要接受合作学习的指导和反馈，从中发现自己的不足和问题，改进自己的写作方式和方法。学生可以通过倾听和接受他人的建议和意见，提高自己的写作水平和能力。

(5) 引导学生进行有效的合作交流

在合作学习开始之前，教师应该设定明确的合作目标，并向学生进行解释和说明。合作目标可以包括写作主题、写作要求和写作技巧等方面。通过设定明确的合作目标，可以引导学生进行有针对性的合作交流，提高合作效果。教师可以通过小组讨论、合作写作和互评互改等方式，提供合作交流的机会。在合作交流的过程中，教师可以充当引导者的角色，促进学生之间的交流和合作。同时，教师还可以提供一些合作交流的工具和方法，如思维导图、讨论提纲等，帮助学生进行有效的合作交流。在合作学习中，教师应该鼓励学生积极参与合作交流，发表自己的观点和意见。同时，教师还可以提供一些鼓励性的话语和肯定性的评价，激发学生的学习兴趣和合作意识。通过鼓励学生积极参与合作交流，可以提高学生的主动性和积极性，促进学生的学习和发展。

（6）评价学生的合作学习成果和表现

合作学习的最终目的是产出一篇优秀的作品，因此评价学生的合作学习成果需要从作品的质量和完成度来考量。作品的质量包括内容的丰富性、观点的独特性、语言的准确性等方面，完成度则是指作品是否按照要求完成，并且达到了预期的效果。评价学生的合作学习成果可以通过对作品的评分、点评和讨论来进行。合作学习强调学生之间的互动和合作，每个学生都应该积极参与到小组的讨论和活动中，发表自己的观点和意见，并且为小组的合作学习做出贡献。评价学生的参与度可以通过观察学生在小组讨论中的表现、听取学生的发言和观点等方式来进行。评价学生的贡献度可以通过观察学生在小组合作中的角色扮演、任务分工和完成情况等方式来进行。

合作学习强调学生之间的合作和协作，要求学生能够与他人进行有效的沟通和合作，共同完成任务。评价学生的合作能力可以从学生的沟通能力、协作能力和解决问题的能力等方面来考量。评价学生的团队精神可以从学生的互助、支持和尊重他人的表现来考量。合作学习强调学生的主动参与和自主学习，学生应该对自己的学习过程和学习成果进行评价和反思。评价学生的自我评价和反思可以通过学生的自我评价报告、学习日志和学习总结等方式来进行。

（三）语文写作教学的个别辅导法

1. 针对学生的写作问题进行个别辅导

对于语言表达不准确的学生，教师可以通过词汇和句式的训练来提高他们的表达能力。可以选择一些常用的词汇和句式，让学生进行模仿和运用。同时，教师还可以通过阅读一些优秀的作文，让学生学习其中的表达方式和技巧。通过反复练习和积累，学生的语言表达能力会逐渐提高。对于逻辑不清晰的学生，教师可以通过训练学生的思维能力来解决这个问题。可以选择一些逻辑思维训练的题目，让学生进行思考和解答。同时，教师还可以引导学生进行思维导图的绘制，帮助他们整理思路和构建逻辑关系。通过这些训练，学生的逻辑思维能力会得到提高，写作时的逻辑性也会更强。

对于结构混乱的学生，教师可以通过训练学生的组织能力来解决这个问题。可以选择一些写作题目，让学生进行提纲的制定和文章的组织。同时，教师还可以引导学生进行段落的划分和过渡句的运用，帮助他们构建清晰的结构。通过这些训练，学生的组织能力会得到提高，写作时的结构性也会更好。对于其他个别问题，教师可以根据学生的具体情况进行针对性的辅导。比如，对于写作时的拖沓问题，可以通过时间管理的训练来解决；对于写作时的思维跳跃问题，可以通过逻辑思维的训练来解决；对于写作时的语法错误问题，可以通过语法知识的训练来解决。通过个别辅导，学生的写作问题会得到有效的解决，写作能力也会得到提高。

2. 针对学生的写作兴趣进行个别辅导

在进行个别辅导之前，教师需要了解学生的写作兴趣。可以通过与学生的交流、观察学生的日常表现等方式来了解学生的兴趣点。比如，有的学生喜欢写小说，有的学生喜欢写游记，有的学生喜欢写诗歌等等。只有了解学生的兴趣点，才能有针对性地进行个别辅导。在了解学生的写作兴趣之后，教师可以根据学生的兴趣点进行个别指导。比如，对于喜欢写小说的学生，可以引导他们多读一些优秀的小说，学习小说的结构、情节、人物塑造等技巧；对于喜欢写游记的学生，可以鼓励他们多去实地考察，亲身体验，提高他们的观察力和描写能力；对于喜欢写诗歌的学生，可以让他们多欣赏一些优秀的诗歌作品，学习诗歌的韵律、意象等特点。通过个别指导，可以帮助学生更好地发展他们的写作兴趣，提高他们的写作水平。

在个别辅导中，教师可以根据学生的写作兴趣，提供丰富的写作素材。比如，对于喜欢写小说的学生，可以提供一些小说的情节、人物设定等素材，让他们根据自己的兴趣进行创作；对于喜欢写游记的学生，可以提供一些旅行的图片、地图等素材，让他们根据自己的实际经历进行描写；对于喜欢写诗歌的学生，可以提供一些优秀的诗歌作品，让他们进行模仿创作。通过提供丰富的写作素材，可以帮助学生更好地发挥他们的写作兴趣，提高他们的写作水平。在个别辅导中，教师还应该鼓励学生进行写作实践。可以给学生一些写作任务，让他们根据自己的兴趣进行创作。比如，可以要求学生写一篇小说的开头，或者写一篇游记的片段，或者写一首诗歌等等。通过写作实践，可以让学生更好地运用所学的写作技巧，提高他们的写作能力。

3. 提供个别辅导的评价和反馈

在给学生评价和反馈时，教师应该具体指出学生在写作中存在的问题，如语法错误、逻辑不清等，并给出具体的改进意见。例如，对于语法错误，可以指出具体的错误位置和正确的表达方式；对于逻辑不清，可以指出不同段落之间的衔接不够流畅，或者某些观点表达不够清晰。这样的具体评价和反馈可以帮助学生更好地理解问题所在，并有针对性地进行改进。在给学生评价和反馈时，教师应该注重发现学生的优点和进步，并给予肯定和鼓励。这样可以增强学生的自信心，激发他们的学习兴趣和积极性。同时，教师也可以提出一些学生写作中的亮点和创新之处，以鼓励学生在写作中发挥自己的想象力和创造力。通过积极的评价和反馈，学生会更加有动力去改进自己的作文，提高写作水平。

在进行个别辅导时，教师应该根据学生的特点和需求，给出具有针对性的评价和反馈。不同学生在写作中存在的问题和需要改进的方面可能不同，教师需要根据学生的实际情况进行个性化的指导。例如，对于某些学生来说，他们可能在写作中存在逻辑不清的问题，教师可以重点指导他们如何进行段落之间的衔接和观点的逻辑推理；对于另一些学生来说，他们可能在写作中存在语法错误的问题，教师可以重点指导他们如何正确使用语法知识。通过个性化的评价和反馈，学生可以更加有针对性地进行改进，提高写作水平。在进行个别辅导时，教师应该及时给学生评价和反馈，以便学生能够及时改进作文。如果评价和反馈过晚，学生可能已经忘记了自己的写作过程和思路，很难对自己的作文进行有效的改进。因此，教师应该在学生完成作文后尽快给予评价和反馈，以便学生能够及时调整和改进自己的写作。

(四) 基于情境认知理论的写作教学

1. 情境认知理论的主要内容

(1) 认知活动的基础：情境

学生所有的认知活动都围绕情境开展，不同学科领域对情境认知的研究所产生的成果将情境推到了顶峰。在建立在情境认知的教学中，对其不断研究也是一个必不可少的教学需求。情境是基础，知识都围绕着情境来获得。学生在学习掌握的知识时，教育者要注意不能独立于情境进行，否则就会成为"惰性知识"。在学生的大脑中，这种知识这能以抽象的方式储存，并不能有效的解决学生的问题，称之为无意义的学习。"情境"就在另一方面揭示来人类获得的知识的本质："知识既不是抽象概念，也不是规则的集合，而是一种解决各种各种具体情境中思维能力的构建。"以情境为依托的学习的最终目的，是离开课堂和学校，学习者掌握的知识和学习成果能够并在各种真实情境中实现学习成果的成功迁移，进而利用知识解决现实世界中的复杂问题和现实问题。因此，教育者必须在学生的开展学习活动时提供大量的"情境供给"。真实的情境作为助产士的教育者借助外在条件从而为学习者提供的情境，学习者在这一背景下进行学习，从而促使学生产生真实的学习情况，并使教学汲取到真实情境所提供的帮助。实践情境以真实情境为依托，在真实情境的基础上进行实践创设，真实情境是对实践情境的补充。

(2) 从情境中来：知识情境观

情境的建构在情境认知理论的知识观中占据主导地位，而情境认知理论关注知识的情境性为我们探索知识的本质打开的新的大门。知识的动态情境性这一观点的提出有力地冲击了传统认知下的"惰性知识"的观点，并使该观点中的问题不断浮现，知识随着人类进步而不断改正并随之出现新的解释。

传统教学中，把知识当成了师生间传递的"物品"，这显然与情境认知理论中所提倡的知识的构建相悖，与现实不符。"学校传授的知识往往都是固化的'惰性知识'，倘若要在实践中进行多次灵活运用，学生就会不知所措，完成效果并不理想。"情境认知理论是继行为主义后和建构主义同时出现的一个研究方向，这一理论中的知识具有建构性，即认为知识是个体与帮助者、社会互动构建出来的，学习者通过实践形成认知，在交流中构建知识体系。与教育相结合来看，就是教师与学生间的交流互动，教师引导学生参与到情境化的实践中，学生进行主动的建构知识。知识来源于社会生活的活动中，通过教师帮助与学生协作互动而进行的建构，在教学中，知识不是被动的接收，而是认知主体进行积极构建出来的。知识的基础是语言知识、约定与规则，而语言则是一种社会的建构。

认知主义流派的学者觉得知识是个体对主观世界的客观认知的反映，而建构主义流派则认为知识是个体与社会实践交互，并主动建构所产生的，情境认知理论对知识进行了重新划分与定义，在这一理论下知识不是抽象的，而是以情境为基础的实践活动，知识只有放置于一定的情境中才有意义，具有情境性。知识是个体与情境交互过程中的一种结果。知识体现着个体的主观协调、主动适应外在变化，随之提高个体学习能力。学习工具在个体学习中的重要性不言而喻，这也是情境认知理论所看重的，情境认知理论认为知识是动态的，作为连接外部与内在的工具，以此进行必要的意义建构，并通过主客体的社会互动造就集体经验的积累，促进学生的学习、由此看来，相关研究者把知识的又一特点归纳为"情境性"，其合理性是毋庸置疑的，这意味着从另一个角度去深入挖掘"知识的产生"。情境认知理论的知识观将"情境""协作""会话与""意义建构"归纳为学习环境所需的要素，并且认为知识不止是一种个体的建构而是随着外在环境的变化，师生的协作互动，从而产生的适应，也可以看成是学生对社会文化的适应，对新的情境产生的适应就可以称之为知识的情境性。

（3）到情境中去：知识与生活情境的一体化

通过实践活动和不同情境，学生能够在抽象与具体、非概念和概念、知识与生活之间灵活转化，从而发现知识与生活联系的意义。动态的知识融入到情境化的生活中，这一现象告诉研究者学习的过程并不是一种虚拟的存在，而是基于真实情境产生的，有着实践性与真实性。这种实践性与真实性并不意味着学生非置身于社会实践不可，而是指教育者创设有意义的真实情境，帮助学习者发展。唯有真的经历过教师所创设的真实情境的学习者，才能灵活地掌握新的知识并建构属于自己的知识，从而去应对疑难杂症。从本质上看,"到情境中去"旨在构造知识与情境、生活的一体化。

传统学习分离来知识所需要的情境,实践是情境认知理论的核心。学生通过参与社会实践并从中感受到影响,就能产生学习行为,将课堂内容与社会实践相结合,会产生更具共鸣性的感受,且实践活动结果对最终目标有导向作用,那么这样就是有意义的。要保证学习者能有机会主动地参加实践,教师就要提供给学习者真实的活动与任务。所谓真实的活动和任务,不仅要开放,而且要与学生的日常学习生活密切相关。在大多数情况下,活动和任务的真实性与学生对单一复杂任务的调查和研究的深度成正比。教师为学生安排活动和任务,并在学生完成活动和任务的过程中给予帮助,引导学生发现问题、理解问题、分析问题、解决问题. 学生需要独自或合作进行一段时间的持续调查研究,以完成教师布置的"真实任务",从而提高自己从复杂信息中去除不相关信息,识别和发现有意义信息的能力[①]。因此,在教学中不能脱离社会生活,到所给情境中去,就需要真实的活动以此才能达到知识与生活情境一体化。

纵观情境认知理论的观点,不难看出知识和学习都是社会情境活动。这也是个体适应环境和构建个体的双向互动状态,亦或是学习者通过调整和改变自己的行为来主动适应环境的发展和变化的能力,由此可见,学生已不再是在传统的教学中,通过接受学习来获取知识,而是在体验不同的社会文化背景下,进行扮演不同的角色,从而主动理解不同的观点并生长新的观点。学生在学习时,需立足于角色的多样性,问题与观点的多样性。只有在众多条件多样性的基础上,针对问题展开深入分析与合作探究,学生才能具有发散思维从多个角度选择解决问题的最佳方式,在更深入的探索和协作中塑造完整的知识链,打造系统性的、共享性的学习资源,使得学生合作共享。

"实践共同体"的称呼因学派而异,教育心理学派与人类学派对其称呼便不一致。人类学家最早称之为的"实习场",基于对学习的认识,莱夫、温格提出了"实践共同体",这是一种让学生置身于情境中的一种学习形式。"实习场""实践共同体"本质上并无不同,理论源头都是认知学徒制。相关研究者认为,可以将认知学徒制运用到知识、技能等认知

---

① 尹素娟. 初中语文写作教学的思路和策略[J]. 好作文,2022(08):31-32.

能力的学习，由学生模仿教育者所展示的内容而进行的一种学习方式。通过这一概念的确定，实践共同体由此产生。从教育学的观点来看，实践共同体的内涵意味深远。并不是简单地将学习者划分到这一共同体中，主要遵循自由化原则，即学习者的自由选择。每一个共同体的成员生活在共同的社会背景下，有着共同的教育背景与奋斗目标，共同合作，互帮互助。在这一团体中，学习者的身份不断变化，从初出茅庐的新面孔逐步成为经验颇多的专家，甚至有着核心地位，起着主导作用，他们存在的意义也随之不断变化。通过个体身份的不断变化，实践共同体也在不断壮大，促使团体再生产形成循环。

实践共同体强调各成员的任务相同，各司其职，要学会运用工具，将资源整合最后通过实践完成任务，形成共同的基础知识，因此这种形式的学习本质上是个体进行文化适应并获得特定的实践共同体成员身份的过程。将这一概念应用于教育学领域，我们会发现在教学中采用的团队学习方法或者小组学习与实践共同体相似，学生知识的获得表现为共同体成员之间彼此沟通、协作时所使用的符号表征与语言。

"个体学习的过程中需进行分工合作"，这是情境认知理论的又一主要观点，即意味着学习个体之间需在合作的基础上学习，此种现象产生的原因，究其根本，是因为在特定的问题的情境中可能会出现结构的偏颇，或者问题具有开放性。分工合作主要出现在学校的教学课堂里，在课堂学习中，学习者通过与教师和其他同学之间不同程度的分工、协作，教师提供给学生丰富的学习资源，学生之间交流讨论。在师生协作的过程中，师生都有着统一的奋斗目标，教师作为帮助者，帮助学生一起共同规划学习的进程，对学习进行合理分工合作。分工的目的不仅是提高学生的学习效率，而且能大大提高学生的学习共情感，即通过他人的学习适当提高自己的学习紧张性，减少对学习的抵触，形成一种积极的学习氛围。合作学习并不是简单的机械分组，强生兄弟提出了合作学习五要素认为能促使合作学习有效实现，分别为：成员间以学习群体为基础，积极的相互依赖；小组成员需面对面的相互促进；明确各成员的个人责任，合理分配任务；注重合作技能的管理；注重各成员间的监控，促使合作学习有效进行。分工合作学习在教学中并不罕见，是一种常用的学习方法。教师与学生认为分工合作一定程度上能减少工作量，而学习效率却不降低。然而，有一点至关重要，将学习的分工合作看成是一种理念，一种学生在学习中、日常生活中都需要掌握的一种为人处事的方式。

(4) 认知反思：情境化评价

对认知的反思是基于情境认知理论的学习的重要一环。简单来说，主体合理运用好自身经验，借助自身已有的经验生长出新的思维称之为经验性思维，思考内容的同一性是这种思维在运作时所要遵循的原则，其发展过程：其一进行归纳总结，最后进行再现经验。与之不同的反思性思维则将思维的批判性作为重中之重，注重用反思并在此基础上予以改正，其过程是回顾—重构—重现，这种思维与上述的经验性思维相对立。由于经验性思维一般有着敏捷性，因此内容缺乏深度。需要合理连接经验性认知和反思性认知。巧合的是，情境认知理论提供了一个将二者连接的平台，促使二者连接成功并趋向平衡。情境认知理论提供的方法与建构主义的学习方法极其相似，这种方法合理地兼顾到了经验性认知和反思性认知两个不同层面。

除去自我反思，亦有客体对主体对评价，情境认知理论的学习评价侧重于对学习活动的改进，注重学习者能力的发展，在某一特定条件下予以评价。可分为诊断性评价、形成性评价、总结性评价。诊断性评价是教育者为满足学习者的需求，在正式教学前综合各方面对学习者进行的一个学习的考量，来确保能较好的选择教学方法、手段，完成教学内容。形成性评价是指教育者通过维持情境的真实性，对学生在互动、对事物意义的建构、知识掌握情况进行的评价，以此让学生不断提高自己的能力。总结性评价是为其以后的学习提供更好的帮助，记录学习行为随着时间的推移而产生的变化，以便让教育者了解学习者对知识的掌握程度。

2. 基于情境认知理论的写作教学的原则

(1) 教学的情境性

写作所说的语境在很大程度上是具有情境性的，也就是写作时所需要的背景语境，即为读者需求、目的、文体、话题等。初中语文写作教学在较多数情况下，只是练习的一种形式，脱离了实际，应试教育下的所有作文练习的最终目标都是为获取高分，学生对此失去兴趣。教师在写作教学中要善于创设真实的活动，或者以带有真实性的阅读材料、文字、图画等适合的素材来激发学生的写作兴趣，促使学生产生写作文的欲望。除此之外，教师要充分利用好教材，使得写作的出题尽可能与教材内容、学生生活、社会热点有关，创设情境，确保教学内容具有情境性。

教学的情境性是教师所要遵循的核心原则，教师提供的情境需要具备真实性，学校教师中，教会学生做到"触类旁通"，就是提高学生写作能力的关键所在。教师提供的情境可以是真实的社会实践，也可以是多媒体展示的情境构想，这样能让学生更好地解决社会中所面对的真实问题，做到举一反三。教师提供给学生多种类型的资源，使学生在头脑中形成自己的"情境场"，然而这些资源并不是越多越好，需要有意义，模拟真实生活情境，在面对其他类似情境时，学生也能够进行写作，丰富教学内涵。

（2）师生的交互性

从建构主义学习理论来看，学习者不是孤立的，学习应具备社会互动性，结合写作教学来看，教师要以学生为中心组织和开展写作教学，利用情境、协作、会话等学习环境要素充分发挥学生的主动性、积极性和首创精神，最终达到使学生有效地实现对当前所学知识的意义建构的目的。写作教学有着师生双方之间教与学的互动性，学生是学习的设计者，教师则是充当帮助者的角色。呼吁教师站在学生的角度展开教学，不是教师一味地讲，留给学生足够的思考空间，在学生解决问题的过程中积极参与，尊重学生的创造性。面对各种复杂多样的学习情境，多鼓励学生，帮助学生树立信心，形成分析问题的思路，启发学生学习，通过写作互动，提高学生思维与语言表达能力。

（3）评价的即时性

要说情境性与交互性不可忽视，那么写作教学过程中评价的即时性也不可缺少。简言之，就是对学生完成某一写作任务时的按时评价。写作教学中评价在注重写作的前期准备时，同样也要注重写作材料的准备，并且要重视写作后教师对其内容的修改。写作教学注重学生的写作过程，对于作为过程化的写作教学而言，过程评价比结果评价显得尤为重要。除此之外，教师评价时可以给学生提供一些参考的问题和评价的参照标准，这都起到一个标杆的作用，以这些为基准学生才能更好地写作。评价除了对学习效果评价之外，更注重学生在学习过程中的自主学习、合作的态度、技能、参与度以及完成任务等情况进行评价。课堂上学生回答了教师有关写作的问题后，教师要对这一回答进行即时评价，或让其他同学谈谈对这一回答的看法。课程结束后，学生课后完成了一篇作文，或许是现阶段教师的教学任务繁多，教师不能即时完成批阅，久而久之，学生忘记了自己写作的内容，印象不够深刻，评价的即时性可以使得学生尽早改正自身在写作时存在的问题。因此，即时性的评价也是在基于情境认知理论的写作教学中所要遵循的一个原则。

3. 基于情境认知理论的写作教学过程的设计

（1）写作教学情境的创设

教师创设真实情境带领学生学习，学生原有认知结构中已经具有一定的知识，在此基础上，学生利用好原有的经验生长出新的经验，学习新知识，与原有认知结构中的经验相结合。除此之外，情境认知理论的学习观认为师生之间的协作互动亦是创设情境时所要着重考虑的。这一理论认为：相比于真实情境下的写作，传统课堂的写作情境性的深度与之相差甚远，而传统写作课堂教学的目的性与计划性极为深刻，它十分注重提高学生写作能力，获得高分.因此，教师在为学生创设写作教学的情境时，需要思考采取怎样的实践活动帮助学生总结与自己学习相适合的写作技巧，基于此，将创设的写作教学情境特点归纳为动作性与抽象性。何为活动情境的动作性？简言之，学生要想获得真实有效的感受，就得亲身经历一番。理论中的直接体现就是陶行知的"教学做合一"，教师通过"教"与"做"，使得学生在学习中积极思考，从而获得知识，强调了学做结合。通过活动所获得的经验的真实性有一定的保障，而且短时间内很难遗忘，然而其实施的可行性不高，而且其结果有着不可控性。教师以活动经验为依托来设计教学情境，将现实生活部分与课堂相结合。教师的亲身示范也具有真实性、可行性，学生通过观看教师的实践丰富自己感性的知识，拓展学生的眼界的同时，激发学生写作学习的积极性，促使学生将感性的想法上升至理性的层面，实践出真知，因此学生也可以在对教师的观摩中，自己尝试实践，从而证实自己所学原理，进一步整合头脑中所学的知识。

不同于动作性，抽象性的活动情境，将视觉符号和语言符号作为中介，呈现形式有着象征性，不难看这一活动情境出有着概括性与间接性的特点。如：教师在借助语言描绘画面时，学生在头脑中进行创造想象呈现画面。当然，在创设写作教学的情境时，教师需得以外部的客观因素与学生的学习情况为主要依据，以框架的形式大致呈现出这两部分的情况，如果教师经验丰富，则不需要过多地呈现具体形式，最终仍是要以教师自身的需求来选择方案，但不变的是确保呈现最佳教学效果。

（2）协作学习小组的构建

协作学习作为情境认知理论中必不可少的一部分，有着十分重要的作用，也是新课程教学中着重关注的。通过学生个体主动地学习，与他人之间的协作学习，深化写作主题，丰富写作内容。因为时间有限，因此，在写作教学的课堂上，教师可以事先给定学生一个与作文主题相关的目标，网上搜索，以图片或视频的形式通过多媒体设备展示，进行导入，再让学生思考后列出自己的题纲，以小组为单位展开讨论，学生之间进行评析，选出最优的全班展示，评价的具体内容则由学生在课堂上讨论产生的。在学生的协作学习下，他们伴随在对知识的讨论与整理的过程中，达成对某一知识的共识并分享，促使学生的思考的条理清晰明了，对于教学过程中的自我反思大有裨益。教师可以适当给予帮助，如学生在进行写作时，教师可以提醒学生适当结合身边的实际生活，将自己放置到生活中，引导学生将思绪从课堂转向实践，经过师生、生生之间的讨论交流，小组陈述观点后，学生再进行整理，从而列出较为完善的作文提纲。

（3）突出口头表述和片段写作环节

因为学生书面表达能力远不及口头表达能力，因此，在传统的写作教学中，存在着"说多写少"的现象，其实更多是因为书面表达对于学生的逻辑性有着较高的要求而初中阶段的学生逻辑性较为薄弱。简单来说，就是学生在口头表达的时候不受限制有着发散思维，而书面表达受限于文章的结构、字数等要求，难免会忽视文章的内容。

"说"这一环节，教师在写作课堂教学时尤为重视。简言之，基于情境认知理论，教师要想提高写作教学效率，促使学生有效掌握知识，就需立足于学生的主观需求，把握好学生的学习节奏，引导学生整合所学知识，学以致用。如：教师在指导学生对外部环境展开描写时，可以适当展开联想，运用一些夸张与比喻来更好地进行表述，加深学生的印象，今后在遇到同类型的环境时可以有熟悉的思路。写作教学课堂受限因素很多，短短的40分钟时间并不能完整地将一堂写作课上完，往往在上到一半时就下课了，这就导致很多学生的作文华而不实，空有其表，不能真正做到写作课堂的善始善终。为了解决这一问题，教师需要有合理的规划，不能把所有都当成教学重点，适当的取舍，择其一而教之，选择学生最为感兴趣的片段展开叙述，引发真情实感。

正确的教学方法应贯穿于教学过程的始终，在整个写作教学的过程中，教师设置一定的教学目标，为完成教学目的，由教师选择适当的方法指导学生写作。教学方法既是教师教的方法，也是学生学的方法，大多专家着重研究教师教的方法，一定程度上忽视了学生的学，在教育学中，我国常见的教学方法很多，主要采用以语言表达为主的讲授法与问答法，在此基础上教师通过给定特定的教学情境，展开以引导探究为主的教学活动。教师要想教会学生写作，自己就先要乐于写作。因此，教师在写作教学中注重"下水文"的示范作用，教师自己经常动笔，就能有效帮助学生。教师通过自身的文学素养对学生进行熏陶，使学生对于某一写作片段的写作，能够在教师文章的基础上，自己自由发挥，同时归纳出属于自己的写作方法。在教师分析指导之下，归纳出学生的问题，并修改，教师对于有着共性的典型的问题进行讲解，拓展至不同类型的写作中，以此来提高学生的写作水平。

第三章　走进课堂

语文教学的主体在课堂中，本章介绍快乐语文教学活动中的主要教学环节，具体包括快乐语文的课堂导入、快乐语文的知识讲解、快乐语文的互动学习、快乐语文的课堂总结与评价、快乐语文的课堂延伸。

第一节　快乐语文的课堂导入

一、利用多媒体进行课堂导入

多媒体具有直观、生动、形象的特点，能够激发学生的学习兴趣，提高学习效果。通过多媒体，可以将抽象的概念、知识点转化为具体的图像、动画、视频等形式，使学生能够更加直观地理解和记忆。同时，多媒体还可以通过声音、音乐等方式给学生带来更加真实的感受，增强学习的体验感。多媒体可以提供丰富的资源和信息，拓宽学生的知识面。通过多媒体，教师可以引用各种形式的资料、文献、实例等，使学生能够接触到更多的信息和知识，了解到更多的事实和现象。这样不仅可以增加学生的知识量，还可以培养学生的信息获取和处理能力。多媒体可以提供互动性的学习环境，激发学生的学习动力。通过多媒体，教师可以设计各种互动的学习活动，如答题、讨论、实验等，使学生能够积极参与到学习中来，主动思考和探索。这样不仅可以培养学生的合作意识和团队精神，还可以激发学生的学习兴趣和动力。

在利用多媒体进行课堂导入时，教师可以采取以下几种方式。可以通过展示相关的图片、视频等，引起学生的兴趣和好奇心。例如，在讲解古诗词时，可以通过多媒体展示相关的古代文化、风景等，激发学生对古诗词的兴趣。可以通过播放相关的音乐、视频等，营造出适合学习的氛围和情境。例如，在讲解古代文学时，可以通过播放相关的古代音乐、视频等，让学生更好地感受古代文学的魅力。可以通过设计互动的学习活动，让学生积极参与到学习中来。例如，在讲解古代文学时，可以设计相关的问题、讨论等，让学生积极思考和交流。可以通过展示相关的实例、案例等，帮助学生更好地理解和应用知识。例如，在讲解古代文学时，可以通过展示相关的古代文学作品、评论等，帮助学生更好地理解和评析作品。

二、巧设悬念进行课堂导入

巧设悬念可以激发学生的学习兴趣。在课堂导入环节，通过巧妙地设置悬念，引起学生的好奇心和阅读的欲望，使他们主动参与到课堂中来。这样一来，学生会更加主动地思考问题，积极参与讨论，提高学习的积极性和主动性。巧设悬念可以提高学生的阅读积极性。在课堂导入环节，通过巧妙地设置悬念，让学生产生一种强烈的好奇心和期待感，主动去阅读故事的内容，提高他们的阅读积极性和主动性。巧设悬念可以培养学生的思维能力[1]。在课堂导入环节，通过巧妙地设置悬念，引发学生的思考，让他们主动去猜测故事的结局或者某个重要情节，培养他们的逻辑思维和推理能力。

可以通过故事的开头来设置悬念。比如，可以选择一个引人入胜的故事开头，通过暗示或者疑问的方式，引起学生的好奇心和阅读的欲望。可以通过故事的结尾来设置悬念。比如，在故事即将结束时，可以暂时不揭示故事的结局，让学生产生一种强烈的好奇心和期待感，激发他们的阅读积极性。可以通过故事的中间部分来设置悬念。比如，在故事的关键情节处，可以暂时不揭示故事的发展方向或者某个重要情节，让学生主动去思考和猜测，培养他们的思维能力。

三、利用情感共鸣进行课堂导入

情感共鸣是学生在课堂中通过与课文中的人物、事件产生情感共鸣，从而激发学生的学习兴趣和主动性。情感共鸣是一种情感体验，通过情感体验，学生能够更好地理解和感受课文中的内容，提高学习效果。情感共鸣可以激发学生的学习兴趣和主动性，使学生更加投入到课堂中。

---

[1] 杨卯成. 探究初中语文教学中课堂导入的艺术[J]. 中学课程辅导（教师通讯），2019 (13)：53.

通过情感共鸣，学生能够更好地理解和感受课文中的内容，提高学习效果。同时，情感共鸣还可以培养学生的情感态度，提高学生的情感表达能力。

在利用情感共鸣进行课堂导入时，教师要适度引导学生的情感体验，不能过分渲染情感，以免影响学生对课文的客观理解。不同学生的情感体验可能存在差异，教师要尊重学生的个体差异，不强求学生产生情感共鸣，而是通过多种方式激发学生的情感体验。教师在利用情感共鸣进行课堂导入时，要结合学生的实际情况，选择与学生生活经验相关的课文，以便更好地引发学生的情感共鸣。

第二节　快乐语文的知识讲解

一、知识的分类和组织讲解

知识分类是指将语文知识按照一定的规则和标准进行划分和归类，将相似的知识归为一类，不同的知识分别归为不同的类别。知识组织是指在分类的基础上，将各个类别的知识进行有机地组织和整合，形成一个系统化的知识体系[1]。通过分类和组织，可以帮助学生理清语文知识的脉络，形成一个清晰的知识结构，使学生能够更好地把握语文知识的全貌和内在联系。通过分类和组织，可以将零散的知识点进行整合，形成一个有机的整体，使学生能够更好地理解知识点之间的关系和内在逻辑，从而提高对知识的深入理解。通过分类和组织，可以将知识点进行有序地排列和组织，使学生能够更好地记忆和应用知识，提高学习效果。

可以将语文知识按照性质进行分类，如词语、句子、篇章等。这样可以帮助学生理清不同性质的知识点之间的联系和区别。可以将语文知识按照层次进行分类，如基础知识、进阶知识、拓展知识等。这样可以帮助学生逐步深入地学习和掌握语文知识。可以将语文知识按照功能进行分类，如表达能力、阅读能力、写作能力等。这样可以帮助学生更好

---

[1]纪元，纪凤臣.初中语文知识讲解技巧性应用方法[J].中学教学参考，2014（03）：23.

地理解知识的实际应用和意义。可以将语文知识按照主题进行分类，如古代文学、现代文学、修辞手法等。这样可以帮助学生更好地理解和掌握不同主题下的语文知识。在进行知识分类和组织时，还可以采用多种形式，如思维导图、知识框架、知识网络等。这些形式可以帮助学生更直观地理解和记忆知识点之间的关系，提高学习效果。

在进行知识分类和组织时，需要明确分类的标准和原则，使分类结果具有科学性和合理性。在进行知识分类和组织时，需要适度抽象和概括，不要过于细致和繁琐，以便于学生理解和记忆。在进行知识分类和组织时，可以根据不同的知识点和学生的实际情况，灵活运用多种分类方法，以达到最佳的教学效果。在进行知识分类和组织时，需要注重知识的整合和应用，使学生能够将所学的知识点进行有机地组织和应用，提高学习效果。

二、知识点的归纳和总结

分类归纳法是将知识点按照一定的分类标准进行归类，然后对每个类别进行总结。这种方法可以帮助学生理清知识点之间的关系，形成系统的知识结构。例如，在初中语文教学中，可以将诗歌、散文、小说等文学体裁作为分类标准，将不同体裁的特点、写作技巧等进行归纳和总结。又如，在古代文学中，可以按照不同的朝代、不同的文学流派等进行分类归纳，总结每个时期或流派的代表作品、特点等。逻辑分析法是将知识点按照逻辑关系进行分析和总结。通过分析知识点之间的因果关系、相互联系等，可以帮助学生理解知识点的本质和内在规律。对比分析法是将知识点与其他相关知识点进行对比，找出它们的异同之处，从而更好地理解和掌握知识点。例如，在初中语文教学中，可以通过对比分析法总结古代文学和现代文学的特点和差异。可以比较古代文学注重意境和修辞手法，而现代文学注重真实性和表达方式等。通过对比分析，可以帮助学生更好地理解和把握不同文学时期的特点和风格。概括提炼法是将知识点中的关键信息提取出来，形成简洁明了的总结。通过概括提炼，可以帮助学生记忆和理解知识点。例如，在初中语文教学中，可以通过概括提炼法总结古代文学中的"四大发明"——造纸术、印刷术、火药和指南针。可以简洁明了地概括每个发明的起源、作用和影响等。

图表整理法是将知识点以图表的形式进行整理和总结。通过图表的形式，可以直观地展示知识点之间的关系和特点，帮助学生更好地理解和记忆知识点。例如，在初中语文教学中，可以通过图表整理法总结古代文学中的不同流派的特点。可以将每个流派的名称、代表作品、主要特点等以表格的形式整理出来，让学生一目了然地了解每个流派的特点。

三、知识点的巩固和评估

在课堂结束后，可以通过布置课后作业、课堂小测等方式，让学生对所学的知识进行复习。同时，教师可以在下一节课开始前，对上一节课的重点知识进行回顾，帮助学生巩固记忆。通过拓展阅读，可以帮助学生巩固所学的知识，并且扩大知识面。教师可以布置一些与课文相关的阅读材料，让学生进行阅读，并进行相关的练习和讨论。布置一些与课堂内容相关的课外作业，让学生在课外进行巩固。可以设计一些练习题、写作题等，让学生进行思考和动手实践。通过口头练习，可以帮助学生巩固所学的知识，并提高口语表达能力。教师可以设计一些口头练习题，让学生进行回答和讨论。

在课堂上可以进行一些小测，检测学生对所学知识的掌握情况。可以设计一些选择题、填空题、解答题等，让学生进行答题，并及时给予反馈。在学期中和学期末可以进行考试，对学生的知识掌握情况进行全面评估。可以设计一些综合性的试题，考察学生对多个知识点的综合运用能力。对学生的课后作业进行评估，可以了解学生对所学知识的理解和掌握情况。可以对作业进行批改，并给予相应的评价和建议。对学生在课堂上的表现进行评估，可以了解学生的学习态度和学习能力。可以评估学生的听讲能力、思考能力、合作能力等方面。巩固和评估学生对基础知识的掌握情况，包括词汇、语法、修辞手法等方面的知识。巩固和评估学生的阅读理解能力，包括对课文的理解、推理能力、归纳总结能力等。巩固和评估学生的写作能力，包括写作结构、语言表达、逻辑思维等方面的能力。巩固和评估学生对文学常识的了解，包括文学作品、文学流派、文学名著等方面的知识。

根据学生的不同情况，采用个性化的巩固和评估策略。对于掌握较好的学生，可以进行拓展性的巩固和评估；对于掌握较差的学生，可以进行针对性的巩固和辅导。采用多样化的评估方式，可以更全面地了解学生的学习情况。可以结合课堂表现、作业评估、小测、考试等多种方式进行评估。对学生的巩固和评估结果进行及时反馈，可以帮助学生及时发现问题并进行调整。可以通过批改作业、讲解答案、给予评价等方式进行反馈。在巩固和评估过程中，可以采用一些趣味性的教学方法，激发学生的学习兴趣。可以设计一些游戏、竞赛等活动，让学生在轻松愉快的氛围中进行学习。

四、知识点的拓展

在初中语文教学中，词语拓展是非常常见的一种教学方法。通过对词语的拓展，可以帮助学生扩大词汇量，提高词语的运用能力。例如，对于一个词语，可以拓展其近义词、反义词、派生词、联想词等。同时，还可以通过词语的拓展，引导学生进行词语的联想和思考，培养学生的创造力和想象力。句子拓展是指在一个简单的句子基础上，通过增加、删减、调整句子成分，使句子更加丰富、准确和生动。通过句子拓展，可以帮助学生提高句子的表达能力和语言组织能力。例如，对于一个简单的句子，可以通过增加修饰成分、并列成分、状语等方式进行拓展，使句子更加完整和具体。篇章拓展是指在一个段落或篇章的基础上，通过增加、删减、调整句子和段落的顺序，使篇章更加连贯、流畅和有逻辑性。通过篇章拓展，可以帮助学生提高篇章的组织能力和逻辑思维能力。例如，对于一个段落，可以通过增加例子、引用名言、提出问题等方式进行拓展，使篇章更加丰富和有说服力。

第三节　快乐语文的互动学习

一、小组合作学习

在小组内部，学生可以相互交流和讨论，共同解决问题。通过与他人的互动，学生可以更好地理解和掌握知识，同时也可以培养学生的合作意识和团队精神。在小组合作学习中，学生可以通过互相讨论和合作，共同解决问题。这种互动和合作可以激发学生的学习兴趣，提高学习的积极性和主动性。同时，小组合作学习也可以帮助学生发现和纠正自己的错误，提高学习的准确性和深度。在小组合作学习中，学生需要相互协作和合作，共同完成学习任务。通过与他人的合作，学生可以培养自己的合作意识和团队精神，学会与他人相互配合和协调，提高自己的合作能力和团队合作能力。在小组合作学习中，学生需要通过互相讨论和合作，共同解决问题。这种互动和合作可以激发学生的批判思维和创新能力，培养学生的独立思考和创造性思维，提高学生的问题解决能力和创新能力。

在小组讨论中，学生可以自由地交流和讨论，共同解决问题。教师可以设定一个问题或任务，然后让学生在小组内部进行讨论和交流，最后由小组代表向全班汇报。在小组合作中，学生可以相互合作，共同完成学习任务。教师可以将学生分成小组，每个小组负责完成一个任务，然后由小组成员相互合作，共同完成任务。在小组展示中，学生可以将自己的学习成果展示给全班同学。教师可以要求每个小组选择一个代表，然后由代表向全班同学展示小组的学习成果。在小组评价中，学生可以相互评价和反馈，提出改进意见。教师可以要求每个小组成员对其他小组成员的表现进行评价，然后由小组成员相互交流和反馈，提出改进意见。

二、问题导向学习

问题导向学习强调学习者的主体性，将学生置于学习的主导地位，通过提出问题激发学生的思考和探究，培养学生的自主学习能力。问题导向学习注重学生之间的合作与交流，通过小组合作、讨论等方式，促进学生之间的互动和合作，培养学生的团队合作精神。问题导向学习认为学习是一种主动的建构过程，学生通过提出问题、寻找答案、整理知识等方式，逐步建构自己的知识体系。问题导向学习注重培养学生的情感态度，通过提出情感问题、情感体验等方式，激发学生的情感参与，提高学习的积极性和主动性。

教师可以根据教学内容和学生的实际情况，提出一个或多个引导性问题，激发学生的思考和探究。学生在教师的引导下，积极参与学习活动，通过查阅资料、实验观察、讨论交流等方式，寻找问题的答案。学生在探究的过程中，逐渐形成自己的思考和理解，通过总结归纳，将所学知识整理成为有条理的结构[1]。学生可以通过口头报告、小组讨论、展示作品等方式，将自己的学习成果展示给全班同学，促进学生之间的交流和互动。教师可以根据学生的表现和学习成果，进行评价和反馈，鼓励学生的努力和进步，指导学生的学习方法和思维方式。

问题导向学习通过提出问题，激发学生的好奇心和求知欲，使学生对学习内容产生浓厚的兴趣，主动参与学习活动。问题导向学习要求学生进行思考和探究，培养学生的分析、判断、推理等思维能力，提高学生的思维水平。问题导向学习注重学生之间的合作与交流，培养学生的团队合作精神，提高学生的沟通和合作能力。问题导向学习通过提出问题，培养学生的问题意识，使学生能够主动提出问题、解决问题，提高学生的问题解决能力。问题导向学习注重培养学生的综合素养，使学生能够将所学知识应用于实际问题的解决中，提高学生的实际操作能力。

三、角色扮演学习

角色扮演学习是学生在教师的引导下，扮演不同的角色，通过模拟真实情境，进行语言交流和思维训练的学习方法。它以学生为主体，教师为指导者，通过创设情境，让学生在情境中扮演不同的角色，进行角色交流和互动，达到提高学生语言表达能力和思维能力的目的。角色扮演学习是通过模拟真实情境进行的，学生可以身临其境地感受到真实的语言环境和情感交流，增强学习的真实性和实践性。角色扮演学习是一种互动性强的学习方式，学生在扮演角色的过程中需要与其他学生进行交流和互动，促进学生之间的合作和沟通。角色扮演学习可以激发学生的情感，让学生在情境中体验和表达自己的情感，增强学生的情感体验和情感表达能力。角色扮演学习可以激发学生的思维，让学生在情境中思考和解决问题，培养学生的创造力和思维能力。角色扮演学习可以让学生在情境中进行真实的语言交流，提高学生的口语表达能力和语言组织能力。角色扮演学习需要学生之间进行合作和互动，培养学生的合作意识和团队精神。角色扮演学习可以激发学生的学习兴趣，增加学习的

---

[1]吴智慧. 互动教学模式在初中语文课堂中的应用[J]. 黑河教育，2022（05）：22-23.

趣味性和吸引力。角色扮演学习可以激发学生的思维，让学生在情境中进行思考和解决问题，提高学生的思维能力和创造力。角色扮演学习可以让学生在情境中体验和表达自己的情感，增强学生的情感体验和情感表达能力。

　　以选择一些经典的文学作品，让学生扮演其中的角色，通过角色扮演的方式深入理解文学作品的情节和人物形象，提高学生对文学作品的理解和欣赏能力。可以选择一些重要的历史事件，让学生扮演其中的历史人物，通过角色扮演的方式体验历史事件的情境和人物的思想感情，增强学生对历史事件的理解和记忆能力。可以选择一些社会问题，让学生扮演其中的不同角色，通过角色扮演的方式让学生思考和解决社会问题，培养学生的社会责任感和思辨能力。可以选择一些课文内容，让学生扮演其中的角色，通过角色扮演的方式深入理解课文的意义和内涵，提高学生对课文的理解和应用能力。

　　根据教学内容和学生的实际情况，确定角色扮演的情境和目标，明确学生需要扮演的角色和达到的学习目标。根据情境和目标，将学生分成小组，为每个学生分配一个角色，并准备相应的材料，包括角色扮演的背景资料、对话内容等。学生根据分配的角色和准备的材料，进行角色扮演，通过对话和互动，达到情境和目标的要求。学生在角色扮演结束后，进行总结和反思，分享自己的体验和感受，讨论学习中的问题和困惑，提出改进和完善的建议。情境应该尽可能地贴近学生的实际生活和学习经验，让学生能够身临其境地感受到真实的情境和情感交流。角色的分配应该根据学生的实际情况和能力进行，既要考虑学生的兴趣和特长，又要考虑学生的发展需求和学习目标。教师在角色扮演学习中起到引导和指导的作用，需要及时给予学生指导和反馈，帮助学生理解和解决问题。教师可以通过观察和记录学生的表现，进行评价和反馈，及时发现学生的问题和不足，提出改进和完善的建议。

四、互动讲解学习

　　互动讲解是指教师在课堂上通过与学生的互动交流，引导学生主动参与学习，提高学生的学习效果和学习兴趣。互动讲解是一种教学方式，通过教师与学生之间的互动，使学生在课堂上积极思考、主动提问、互相讨论，从而达到更好的学习效果。互动讲解可以使学生在课堂上积极参与，主动思考，从而激发学生的学习兴趣，提高学生的学习主动性。互动讲解可以使学生在课堂上与教师和同学进行交流，从而增强学生的学习动力，提高学生的学习积极性。互动讲解可以使学生在课堂上积极思考、主动提问、互相讨论，从而提高学生的学习效果，加深对知识的理解和记忆。互动讲解可以使学生在课堂上与同学进行合作和交流，培养学生的合作意识和团队精神，提高学生的团队合作能力。

　　教师可以通过提问引导学生思考，激发学生的学习兴趣。教师可以提出开放性问题，引导学生进行思考和讨论，从而培养学生的思维能力和创新能力。教师可以将学生分成小组，让学生在小组内进行讨论和交流，从而培养学生的合作意识和团队精神。教师可以给学生提供一些问题或任务，让学生在小组内进行讨论和解决问题。教师可以让学生扮演某个角色，进行角色扮演，从而加深学生对知识的理解和记忆。教师可以设计一些情境，让学生在情境中扮演不同的角色，进行对话和交流。教师可以将学习内容进行游戏化设计，通过游戏的方式进行教学，从而提高学生的学习兴趣和学习效果。教师可以设计一些游戏，让学生在游戏中进行学习和竞争。

　　在进行互动讲解学习之前，教师需要明确学习目标，明确学生需要达到的知识和能力要求。教师需要创设良好的学习氛围，让学生在轻松、愉快的氛围中进行学习，激发学生的学习兴趣和学习动力。在进行互动讲解学习时，教师需要引导学生思考，激发学生的思维能力和创新能力。教师可以通过提问、讨论等方式，引导学生进行思考和探索。在进行互动讲解学习时，教师需要注重学生的参与，让学生积极思考、主动提问、互相讨论，从而提高学生的学习效果和学习兴趣。

第四节　快乐语文的课堂总结与评价

一、课堂总结

教师总结是最常见的一种课堂总结方法。在课堂结束时，教师可以对本节课的重点内容进行总结，概括出学生需要掌握的知识点和技能，并进行重点强调[1]。教师总结的优点是简洁明了，能够帮助学生理清思路，加深对知识的理解。然而，教师总结也存在一些缺点，比如有些学生可能无法及时理解教师的总结，导致知识掌握不牢固。因此，在进行教师总结时，教师应尽量使用简单明了的语言，结合具体例子进行解释，以便学生更好地理解。

学生总结是一种鼓励学生主动思考、总结的方法。在课堂结束时，教师可以要求学生对本节课的内容进行总结，可以是口头总结，也可以是书面总结。学生总结的优点是能够培养学生的思考能力和自主学习能力，同时也可以帮助教师了解学生的学习情况。然而，学生总结也存在一些问题，比如有些学生总结能力较差，总结内容可能不准确或不全面。因此，在进行学生总结时，教师应给予学生充分的指导和帮助，鼓励学生积极思考，提高总结能力。

二、课堂评价

通过评价可以了解学生对知识的掌握程度、学习态度和学习方法等，为教师提供有针对性的教学反馈。通过评价可以发现学生的学习困难和问题，及时调整教学策略，帮助学生克服困难，提高学习效果。通过评价可以给予学生及时的肯定和鼓励，激发他们的学习兴趣和积极性，促进学生的主动参与和积极思考。评价要客观公正，不受个人情感和偏见的影响，要根据学生的实际表现进行评价。评价要多元化，不仅要注重对学生知识掌握的评价，还要关注学生的思维能力、创新能力、合作能力等方面的评价。评价要及时反馈，及时告诉学生他们的学习情况，帮助他们及时调整学习策略，提高学习效果。

观察评价法是指教师通过观察学生在课堂上的表现，对学生进行评价。观察学生是否认真听讲、积极参与课堂活动，是否有学习的热情和动力。观察学生是否能够合理运用学习方法，是否能够独立思考和解决问题。观察学生是否能够进行逻辑思维和批判性思维，是否能够灵活运用所学知识。观察评价法的优点是能够全面了解学生的学习情况，缺点是评价结果主观性较强，容易受到教师个人观点的影响。

[1]侍兴超.课堂总结是语文教学必不可少的环节[J].青少年日记（教育教学研究），2017（09）：63.

问答评价法是指教师通过提问学生,对学生进行评价。通过提问学生,了解他们对所学知识的掌握程度,是否能够正确回答问题。通过提问学生,了解他们的思维能力,是否能够进行逻辑思维和批判性思维。通过提问学生,了解他们的表达能力,是否能够清晰、准确地表达自己的观点。问答评价法的优点是能够激发学生的思维能力和表达能力,缺点是评价结果可能受到学生的紧张情绪和回答时间的限制。

作业评价法是指教师通过批改学生的作业,对学生进行评价。通过批改作业,了解学生对所学知识的掌握程度,是否能够正确运用所学知识。通过批改作业,了解学生的思维能力,是否能够进行逻辑思维和批判性思维。通过批改作业,了解学生的表达能力,是否能够清晰、准确地表达自己的观点。作业评价法的优点是能够客观地评价学生的学习情况,缺点是评价结果可能受到学生的抄袭和外界帮助的影响。

小组合作评价法是指教师通过小组合作活动,对学生进行评价。观察学生在小组合作中的表现,了解他们是否能够与他人合作,是否能够有效地分工合作。观察学生在小组合作中的表现,了解他们是否能够有效地与他人沟通,是否能够清晰地表达自己的观点。观察学生在小组合作中的表现,了解他们是否能够提出新颖的观点和解决问题的方法。小组合作评价法的优点是能够培养学生的合作能力和创新能力,缺点是评价结果可能受到个别学生的依赖和其他组员的影响。

第五节 快乐语文的课堂延伸

一、组织课外活动

通过参加语文相关的课外活动,可以提高学生的语文素养和综合能力,激发学生学习语文的兴趣和热情。从语文竞赛、朗诵比赛和演讲比赛来探讨如何组织学生参加这些活动。语文竞赛是一种常见的语文活动形式,可以通过组织学生参加语文竞赛来提高他们的语文知识水平和应试能力。语文竞赛可以分为个人赛和团体赛两种形式。个人赛可以考察学生的语文基础知识和应用能力,如词语解释、古诗文默写、阅读理解等；团体赛可以培养学生的合作意识和团队精神，如语文知识竞答、语文拼图等。在组织语文竞赛时，可以根据学生的年级和水平设置不同的竞赛内容和难度，让每个学生都能有所收获。朗诵比赛是培养学生语言表达能力和艺术修养的有效途径。朗诵是通过声音和语言来表达情感和思想的一种艺术形式，可以让学生在朗诵中感受文字的美感和情感的表达。组织学生参加朗诵比赛时，可以选择一些经典的诗歌、散文或文章作为朗诵的素材，让学生通过朗诵来理解和感受其中的情感和意境。可以鼓励学生进行创意朗诵，让他们根据自己的理解和感受来进行表达，培养他们的创造力和表达能力。演讲比赛是提高学生口头表达能力和思维能力的一种有效方式[1]。演讲是通过语言和肢体表达来陈述观点和思想的一种形式，可以培养学生的逻辑思维和表达能力。在组织学生参加演讲比赛时，可以选择一些与学生生活和学习相关的话题，如健康、环保、友谊等，让学生通过演讲来表达自己的观点和思考。同时，可以引导学生进行辩论式的演讲，让他们能够从不同的角度来思考和表达，培养他们的思辨能力和辩证思维。

要根据学生的年级和水平来设置活动内容和难度，确保每个学生都能够参与和受益。要注重活动的多样性和趣味性，通过游戏、竞赛等形式来激发学生的学习兴趣和积极性。要注重活动的实践性和应用性，让学生能够将所学的知识和技能应用到实际生活中。要注重活动的评价和反馈，及时给予学生肯定和指导，鼓励他们不断进步和提高。

二、鼓励学生参观文化场所

鼓励学生参观博物馆、图书馆等文化场所是非常重要的。这些文化场所不仅可以丰富学生的知识，拓宽他们的视野，还可以培养他们的兴趣和审美能力。

参观博物馆可以让学生亲身感受到历史的厚重和文化的底蕴。博物馆是历史的见证者，是文化的传承者。通过参观博物馆，学生可以看到各种珍贵的文物和艺术品，了解到不同历史时期的社会风貌和人们的生活方式。比如，参观中国历史博物馆，学生可以看到大量的历史文物，如青铜器、陶瓷、书画等，这些文物不仅是历史的见证者，也是艺术的

---

[1]陈潘春.语文课堂向课外拓展延伸的教学策略研究[J].考试周刊，2021（71）：4-6.

瑰宝，可以让学生感受到中华文化的博大精深。通过亲身参观，学生可以更加深入地了解历史，增强对历史的兴趣和理解。参观图书馆可以培养学生的阅读兴趣和阅读能力。图书馆是知识的宝库，是学习的场所。学生可以在图书馆中找到各种各样的书籍，涉及到各个领域的知识。通过阅读，学生可以开阔眼界，增长见识，提高自己的语文素养。图书馆还有丰富的报纸、杂志和电子资源，学生可以通过阅读这些资料了解最新的社会动态和科技进展。通过参观图书馆，学生可以培养自己的阅读习惯，提高自己的阅读能力，从而更好地学习语文。

参观文化场所可以培养学生的审美能力和艺术修养。博物馆和图书馆中不仅有历史文物和书籍，还有各种艺术作品和展览。学生可以欣赏到各种绘画、雕塑、音乐、舞蹈等艺术形式，感受到艺术的美和艺术家的创造力。通过欣赏和学习艺术作品，学生可以培养自己的审美情趣，提高自己的艺术修养。艺术是人类文明的重要组成部分，通过参观文化场所，学生可以更好地了解和欣赏艺术，培养自己的艺术素养。参观文化场所可以培养学生的社会责任感和公民意识。博物馆和图书馆是公共文化场所，学生在参观的过程中需要遵守规章制度，尊重他人的权益。通过参观文化场所，学生可以学会尊重他人，关心社会，培养自己的社会责任感和公民意识。学生可以通过参观博物馆了解到社会的发展历程和人们的努力，从而更好地认识到自己作为一个公民的责任和义务。

第四章 我的成长小作

本章介绍与语文核心素养、快乐语文教学相关的文章，包括农村中学中考语文总复习策略、"少教多学"在初中语文教学中的实践、基于"四有"教师标准的中学师德师风建设策略研究。

第一节 农村中学中考语文总复习策略

作为应对中考工作的关键环节，复习是提升学生综合能力的重要手段。在整个中考复习阶段中，围绕考纲跟新课标要求，紧紧抓住教材知识不放，以教材知识为依托，把握教材系统知识，梳理出相关的知识点，有组织有目的地训练，实现知识的迁移，学生考试能力的提升[1]。

一、研究考纲与教材的联系，把握新课标要求

作为指明中考方向的纲领性文件，每年各省颁布的考纲都是引领中考复习策略的指南针，它全面而具体地规定了中考的考点要求和命题形式。考纲的制定以教材为依托，将教材中丰富的内容化为具体的考查对象。这就要求，在中考复习准备阶段，教师必须研究考纲与教材之间的联系，力求做到融会贯通。针对这个特点，在中考复习伊始，笔者就组织教研组成员认真研读考纲，细心领会考纲字里行间透露出的有用的信息，然后逐个找出联系点，将二者紧密结合起来，制订出切实可行的复习纲要。除了考纲，新课标要求也是影响中考复习策略的重要因素。关注教材与考纲的联系的同时，也不能忽略了这个重要的内容。笔者在准备中考复习教学的各项工作时，以新课标第四学段（七年级—九年级）的主要内容为指导，深刻理解新课标对初中学生在语文核心素养方面的

---

[1] 黄少林. 把握教材系统知识 梳理突出重点环节——农村中学中考语文总复习策略[J]. 福建教育学院学报，2017，18（03）：22-23.

具体要求，在设计复习环节时特别重视这几个方面的训练，进而做到复习有思想指导，训练有实际目标。

二、提炼课文篇目，精选重要内容

新课标指出：阅读教学应注重培养学生具有感受、理解、欣赏和评价的能力，要逐步培养学生探索性阅读和创造性阅读的能力，让学生学会精读、略读和浏览。近几年来，随着命题形式的不断创新，考试对教材篇目的重视程度不断加强。因此，在组织中考复习时，笔者会根据新课标要求，提炼课文重要篇目，精选出重要内容，让学生识记、诵读，达到牢牢记住的程度。如语言积累与运用方面，注意把《考纲》推荐的背诵篇目全部背会，写会，即使不能全背会，至少也要记住其中的重要语句，而且要注意在理解的基础上记忆。

文言文阅读方面，漳州地区习惯课内外对比阅读，所以，同样以新课标所要求的文言文篇目为重点，如《孟子二章》《曹刿论战》《邹忌讽齐王纳谏》《出师表》《岳阳楼记》等，要求学生熟记这些美文的重点虚词实词、句式，学会翻译课文句子，同时能够根据内容，体会感悟。

说明文阅读方面，以人教版教材为例，七年级上册开始就安排了几篇简单的说明文，八年级时重点突出说明文教学，课文所选篇目也是非常经典，如《中国石拱桥》《苏州园林》《大自然的语言》等。因此，在组织复习工作时，紧紧抓住这些课文的要点，引申出说明文知识点的总结、归纳。

议论文方面，同样以人教版教材为例，九年级上册开始突出议论文教学。《敬业与乐业》《应有格物致知精神》《谈读书》为学生提供了经典的立论文篇目，而鲁迅先生的《中国人失掉自信力了吗》则让学生领略了驳论文的风采。因此，复习阶段依旧从这些篇目出发，筛选出重要的知识点，结合考纲逐一展开反复训练，以达到熟练自如，在具体考查时不失分。

记叙文及文学性作品方面，整个初中阶段，这一部分内容是教材出现最多的，如《散步》《春》《背影》《再塑生命的人》等内涵丰富，闪烁着人性的光芒。它们为命题者提供了众多的考点。因此，在复习阶段，根据考纲要求，要求学生深刻体会这些经典篇目的情感，从不同角度来理解它们，学会灵活运用。

写作方面，从七年级开始，教材在每个单元的后面都会设计相应的写作要求，以记叙文——说明文——议论文这样的顺序安排，程度逐步加深。复习时结合这种情况针对不同程度的学生逐项训练，作文要求或高或低，但都贴近生活，贴近实际，贴近学生，让他们会说、会写，最后表达出自己的情感。

三、活用教材知识，实现知识迁移

新课标指出，教材注重继承中华民族优秀文化和革命传统，符合学生的身心发展特点，适应学生的认知水平，体例和呈现方式灵活多样，选文具有较强的审美价值。这就决定了教材蕴含着大量有用的信息。以人教版为例，课文安排环环相扣，循序渐进，形成了一个信息量庞大的整体。每学期都会穿插其他文体的文章，便于学生逐步熟悉并掌握。掌握这些知识，活用这些知识，最终实现知识迁移，就能达到事半功倍的效果。中考复习中，笔者针对全国各地特别是漳州市多年来在命题方面的特点制订相应的策略，选择教材经典篇目，仿照漳州地区命题特点设计相应题型，各类文体的阅读题型都组织有效的训练。《走一步，再走一步》《中国石拱桥》《应有格物致知精神》《曹刿论战》等大量课文成了笔者设计考题的素材。值得一提的是文言文方面，选择多篇课内文言文，并搜集内容相关的课外文言文，组成课内外文言文对比阅读，既检查了学生课内知识点的掌握程度，也让学生懂得如何实现知识迁移，将课文中所包含的知识点运用到课外的阅读材料中。经过多次反复地练习，效果非常明显，学生答题速度更快，内容更加充分。

四、分类解读，梳理考点

纵观整个初中教材，选文文质兼美，具有典范性，而且富有文化内涵和时代气息，题材、体裁、风格丰富多样。如此多的内容看似无从着手复习，但仔细梳理，还是可以找到切入点。作为语文素养的载体，教材承载着较多的信息量，为命题者提供了丰富的素材。所以，分类解读教材，梳理出考点就成了指导整个中考复习工作的关键所在。经过努力，笔者最终总结出以下多个方面的考项：识字写字、词语成语、标点修辞、句子积累、语言运用、语段综合、综合性学习、材料探究、口语交际、名著阅读与文化常识、诗文积累、文言文阅读、记叙文与文学作品阅读、说明文阅读、议论文阅读、写作等。梳理出以上考项，能够让教师在中考复习中做到有的放矢，逐项攻克。通过大量的训练，大多数学生能够牢牢掌握并灵活运用的程度，从而明显地提高了语文的中考成绩。

五、讲究方法，提高解题技巧

"授人以鱼，不如授人以渔。"这句话强调了技巧跟方法的重要性。在对教材进行系统梳理考点后，提炼出有用的信息。知识点明确了，辅以有效的解题技巧，必将使复习工作达到事半功倍的效果。因此，笔者在平时就注意归纳各个考点的考查题型，并通过详细研究本地跟全国其他地区的考题及答案，总结出一套适合本校学生实际水平的解题技巧，以题纲的形式发给学生，让学生牢记，并在日常复习中不断有针对性地训练。比如，要真正做好阅读，方法始终是关键的，可以把一些相似的阅读试题找出来，并且把它们的答案好好比较研究一下，从而寻找并总结出解决此类试题的方法。经过反复地操练，市质检考后，绝大部分学生除了能熟知从教材中梳理出的考点外，还能熟练掌握解题方法，极大地增强了他们应对中考的信心。

中考复习工作是个长期而系统的过程，需要教师在实践中摸索，逐渐寻找到适合本校学生实际水平的方法，才能更好地应对中考复习工作，达到最佳效果。

第二节 "少教多学"在初中语文教学中的实践

现如今，初中阶段的传统革命教育教学水平较低，这主要是由于学生缺乏对传统革命的正确认知，缺乏革命精神，同时教师缺乏对革命精神教育的重视，导致学生难以在日常学习的过程中汲取教学资源中的传统革命精神，影响了学生的身心健康成长。在初中语文课程教学活动中，教师要利用语文学科优势，充分发掘其中的传统革命教育资源，挖掘优秀传统革命精神，同时辅助"少教多学"理念，以教材内容为载体，以传统革命教育为核心，以学生为课堂主体，鼓励学生自主探索与体验，让学生在课程学习的过程中感受优秀的传统革命精神品质，从而陶冶学生情操，提升学生的思想品质和素养水平。

一、初中语文教学中实现"少教多学"要点

结合初中语文教学实际情况，在"少教多学"理论融入的过程中，教师要遵循以下顺序：

第一，根据课程教学内容，为学生布置课前预习任务。预习是"少教多学"的最初环节，也是构建语文自主学习空间，引导学生事前掌握基础知识、产生基本语文学习感知的环节。在这一环节，教师将大多数时间交给学生，让学生更加主动地投入到语文学习中，学习效率大为提高。因此，在语文教学过程中，要立足自主思考这个关键点，充分激发学生的学习兴趣，为学生的学习注入强劲的自主动力，达到"事半功倍"的效果。

第二，课堂交流课前预习成果，各自提出疑问，加强师生互动。在这一环节中，教师以提出疑问、鼓励学生自主提出疑问的方法，引导学生尝试着做出课堂的自主学习行为，转变原本课程教学中"上课就提问"的形式，而是让"学生一上课就提问，主动提出疑问、主动交流"，以此实现"少教"的目的。在这一环节，教师要在备课方面下足功夫，依据学生情况设法寻找到推进课堂教学的切入点，设定相应的问题，最大限度地调动所有学生参与其中，展开积极思维。语文教学过程中，可让学生在自主学习后提出自己的疑问，由教师或其他学生回答。这种互动能使课堂氛围热烈，学生参与度高，思维活跃，有助于实现教学目标。

第三，小组合作，在课堂中以交流的方式完成学习任务。在这一环节，学生已经对课文内容及基本知识有了一定的理解，此时教师需要为学生准备一些开放式、探索性的话题或者任务，将其作为"多学"的实现工具。教师要提倡学生开展合作探究活动，这种合作探究一般以小组合作学习为主，根据学生的学习能力，按照高中低三个层次进行搭配，并根据认知水平和兴趣爱好选择合适问题让学生合作探究，教师最后还要对各组学习效果展开相应评价，及时指出不足，以期提高学生的学习能力。

二、立足"少教多学",围绕有效策略开展初中语文革命传统教育教学——以《白杨礼赞》为例

结合初中语文教学中革命传统教育教学现状,需要教师主动转变教学观念,学习先进的革命传统教育理念与教学手段,通过开展丰富的教学活动,引导学生形成正确的革命传统学习认知,同时有效实现革命传统教育目标。在课堂教学中,教师可以通过以下手段引导学生形成正确认知,凸显自身科学教学思想:

(一)预留足够空间,培养学生传统革命意识

要想将"少教多学"融入初中传统革命教育教学中,就要关注学生的"主体作用",将"以学生为主体"理念贯穿于教学全过程,尊重学生的主观意愿,"让位"于学生,为学生提供充足的自主空间,同时在学生自主探索的过程中引导学生逐渐形成传统革命精神意识。

《白杨礼赞》是通过赞颂"白杨树"表达对抗日军民团结战斗、力争上游、不屈不挠的革命精神的崇高敬意的一篇文章,也就是说其背景为抗日战争。因此,教师可以组织学生开展课前预习,分别提出:"了解《白杨礼赞》的创作时间、作者经历与背景""搜集白杨的图片,对比图片与文中描述是否一致""搜集白杨的生存环境及寓意""你对白杨还有哪些理解?"等任务,让学生根据自己的实际情况,灵活选择时间与方式完成上述预习任务。在预习的过程中,学生能够充分发挥主观意识,在调查资料的过程中自动汇总与分析资料,形成对《白杨礼赞》的全面认知,同时能够逐渐深入到课文的实际描述中,感受文章的风格,联合搜集到的资料,体会作者的思想感情,有助于学生品读"白杨树的不平凡",奠定课堂上的"少教多学"基础。

(二)巧妙设定问题,引导学生不断自主探索

要想将"少教多学"融入初中传统革命教育教学中,要提出明确的教学目标,为学生的"多学"提供有效指引,引导学生自主探索,贯彻落实"少教多学"。此外,教师还要依据课文内容设定多样的问题,引导所有学生积极思考,融入课堂教学中。在实际过程中,教师既要认识到传统革命教育的重要意义,又要认识到学生自主学习的重要价值,明确自己"引导者""引路人"角色,将思考的空间还给学生,让学生在课堂

中自主提问、主动发现问题、主动表达。

在实际课程教学中,学生已经完成了《白杨礼赞》的课前预习,对"白杨"的精神品质具有一定的理解,此时教师可以导入课程资源,让学生观看"戈壁滩上的白杨",以生动的画面与音乐吸引学生注意力,构建"白杨"的教学情境,促使学生能够融入情境中,不由自主地感受白杨的特征。在课程资源播放的最后,教师可以编辑一行字幕,如:"根据你的课前预习与刚刚的感受,提出你的疑问,若哪名学生有回答思路,可以主动提出'答复'的要求。"通过这一行字幕,开启本节课的"头脑风暴"环节,班级学生纷纷根据自己的疑惑提出"为什么是白杨?不能够是松树呢?""白杨仅仅能够表示'质朴'、'严肃'、'正直'吗?""文章的句子问法为什么不统一呢?"等疑问。与此同时,班级中其他的同学则可以举起"竞拍牌子",示意自己能够回答这一问题,然后直接回答这名学生,之后,其他同学可以站起来补充不足或者例证反驳等。教师可以控制这一时间为10—15分钟,让学生在你来我往的交流中逐渐拓展思维,明确白杨的意义、描写手法、文章思想情感等不同知识点,让学生在主动思考的过程中获取白杨的优秀品质,感受其中的"正直""质朴""坚定"等品质,实现革命传统教育目标。

(三)培养协作意识,贯彻落实"少教多学"

要想将"少教多学"融入初中传统革命教育教学中,教师就要适当培养学生的协作意识,让学生通过小组合作的形式参与到课程教学活动中,进一步体现学生在课堂教学中的主人公地位,落实"少教多学"理念。教师可以结合本课程的总体目标,根据传统革命教育需求,整合教学资源,提出具有创造性的教学活动,为学生的协作自主学习提供契机。

在《白杨礼赞》的课堂教学活动中,学生已经完成了"头脑风暴"环节,对本课文中的"白杨"形成了较为深刻的理解,同时在互动交流的过程中进一步了解了抗日战争时期的相关事迹,已经逐渐形成传统革命意识,此时教师进一步设计阶梯性问题,例如:"白杨的不平凡体现在哪些方面?""为什么本文章核心为'白杨',却在结尾提到了'楠木'?""白杨树还有什么象征意义?"之后,教师可以让学生开展小组合作学习活动。学生通过合作学习与探索,对这三个问题进行交流与思考,进一步对比出白杨与楠木之间的差别,从而理解作者是运用"借物明志"的手法表达自己对"朴质、坚强、力求上进""紧靠团结,力争上游"等革命精神的向往与推崇。通过小组合作交流,学生能够通过自己的努力认识到白杨的品质,同时加深对抗日战争、民族精神的理解,形成一定的民族荣誉感与民族自豪感,实现传统革命教育目标。

此外,除了课前自主学习之外,教师还可以让学生结合对"白杨"的理解与体会,开展课后自主实践活动,比如:《白杨礼赞》学习有感、以《白杨礼赞》联想到的抗日战争回想、我国战争时期的哪些民族人物与事迹解读等,让学生以写作、演讲等不同形式开展自主学习与探索,鼓励学生在自主学习的过程中深入了解革命战争时期的事迹、人物及精神品质,进一步落实传统革命教育的"少教多学"。

在初中语文课程教学中,教师要充分发挥语文课程的传统革命教育资源优势,同时运用"少教多学"理念,为学生搭建自主学习与探索空间,让学生在课程自主学习中形成良好思想品质,促进学生的全面发展。在课程教学的过程中,教师要结合学生的实际成长需求,为学生提供充足的自主学习空间,同时明确课程学习目标,开展小组合作探索与课堂实践活动,让学生在交流、互动、分析、操作与验证的过程中获取语文知识,感受白杨的优秀品质,进一步提升学生的内在素养,实现课程教学目标与传统革命教育目标。

第三节 基于"四有"教师标准的中学师德师风建设策略研究

一、"四有"教师标准的时代意义

"四有"教师就是要求教师要有理想信念、有道德情操、有扎实学识,还要有仁爱之心。在教师师德师风建设中,"四有"是最基本的要素。随着"四有"标准的出台,就意味着教师师德师风建设要以此作为重要发展方向,使得教师有着健全的人格品质,同时这也是广大人民对教师的期望。教师在开展教育教学活动中,理想信念可谓是内在动力,其受到理性以及信念驱动,使得教师不断完善自我,对于教育行为以及学生的学习情况都能够理性思考,以逐步实现自我成长。教师的精神以及品质都是通过道德情操体现出来的，当前国家重视中学生素质教育，要求教师有较高的道德情操，成为学生群体中的榜样。教师对学生进行教学的过程中，不仅要要用语言传递知识，还要做到身教，引导学生效仿自己良好的品性，达到潜移默化的效果。

所有的教师都要持有"活到老学到老"心态，对自己的知识结构不断更新，知识体系也要进一步完善，使得知识储备量逐渐增大，在课堂教学中合理利用，使得教学效果良好。另外，教师还要有仁爱之心，对待人要宽容，对每一位学生都持有公平的态度，对学生悉心教导，对孩子的成长实时关注。

二、"四有"教师标准下师德师风建设的主要内容

（一）加强师德师风教育

要高度重视乡村教师师德教育，确保乡村教师教学能力职前培训的质量。这也是乡村教师队伍建设过程中的重要保障。教师应该具有良好的素质，这直接关系到乡村教育的质量，也关系到学生能否健康成长。因此，在优秀乡村教师教学能力的职前培养中，应进一步加强师德建设，形成长效机制。在教师道德教育过程中，要整合职业理想、法治、道德等各种相关要素。在长效机制运行过程中，在落实教育工作到位的同时，还要运行激励机制，将考核工作纳入其中，根据考核结果奖惩。通过采取各种措施，提高了乡村教师的道德修养。通过发挥理念的指导作用，结合相关制度和规范，倡导以德治国，提高乡村教师的素质，努力培养有坚定理想信念、高尚道德情操、仁爱待人的优秀乡村教师。

（二）提高乡村教育情怀

乡村教师在乡村开展教育时要有感情，即要热爱乡村文化，认同自己的身份，明确乡村教育的使命及其现实意义。乡村教师可以承担乡村地区的教育责任，做好各种教育工作。乡村教师应具备良好的核心素质，其中乡村教育情感是核心素质的灵魂。所谓乡村教育情结，就是乡村教师应该能够自主成长，具有振兴乡村教育的坚定意志。在开展乡村教育的过程中高度重视乡村文化教育，主动继承乡村文化，弘扬乡村特色文明。在日常工作中，教师要关心每一个学生，在教书育人中才能有教育责任感，更好地融入乡村教育生活，确保师生关系和谐。在培养优秀乡

村教师时，要提高教师的素质，乡村教育情怀是不可缺少的，使教师充满对乡村教育的热爱，更加致力于乡村教育，具有奉献精神。只有这样，乡村教育才能更好地发展。

（三）教师要具备创新素养

在乡村教师创新素养的研究中，所涵盖的内容主要包括两个方面：一是创新素养，二是研究素养。乡村教师应具备创新素质，即乡村教师应采用创新教育方法培养学生的创新能力，从而提高教育质量和水平。乡村教师应具备研究素养，即乡村教师在为学生开展教育教学活动时，能够及时发现各种新问题，充分利用现有的教育教学资源，不断改善教学环境。乡村教育存在各种各样的问题，只有通过专业人员的深入研究才能解决各种问题。乡村教师还需要对教学过程中的实质性问题进行深入研究，发挥教学理论在实践教育中的指导作用，提高乡村教育质量。

三、"四有"教师标准下强化中学师德师风建设的有效策略

现在的教师队伍年轻化，与中学生年龄更加接近，观念比较新，更容易学生的沟通，互动也比较多，对于学生的思想观念以及行为举止都会产生一定影响。要充分认识到师德师风对教学质量起到决定性的作用，对学生价值观的形成有一定的影响，所以，教师师德师风建设工作非常重要，中学校要开展有效策略实施。

（一）合理选择人才培养模式

为了在教师教学能力的职前培训中取得良好的效果，需要合理选择人才培养模式并进行创新，这就要求人才培养的准确定位。从乡村基础教育的现状来看，做好乡村基础教育，需要重视专业教师的培养，这是当前乡村初中学校的一项重要任务。在实施人才培养的过程中，各学校可以相应地创新培养模式。考虑到中学的本质属性和需要完成的基本任务，学校在实施人才培养时需要不断改革。无论是教师人才培养目标、培养规格，还是课程设置，都不能满足乡村地区的实际需要，这意味着乡村教育改革过程中存在实际问题却无法采取有效措施有效解决，更不能有效落实师德师风建设工作。通过对乡村义务教育工作的探索，作为教师，要及时发现改革工作中存在着一些问题，即实践导向不明确，教学观念上没有支持机制，包括能力本位、协作培训等方面。师德师风建

设中，要注重培养教师，需要确定培养目标，即教师应具有高尚的素质、高综合素质、较强的专业能力等[1]。在培养乡村优秀教师工作中要加大力度，提高其教学能力，注重德育能力和教学设计能力的培养。教师应具有写作能力，具有一定的分析教材内容的能力，有因材施教的能力，并有组织课堂的能力。建立相关评价指标体系，发挥其激励作用，检验教师专业能力是否达标。

（二）开展形式多样的实践教学活动

基于"四有"标准开展师德师风建设工作，将实践教学体系构建起来，以提高教师职前专业培训能力。例如，教师可以灵活运用教学方法，如微格课堂教学法、实验教学法、实践教学法、校内模拟操作训练法。学校要培养教师的专业能力，提高教师的实践教学水平。学科课程的教学主要是传授知识。如果它是一门教育课程，就需要引入教学案例，使教学内容生动有趣，知识直观。学校还需要建立一个教学技能培训实验室，在实验室中整合学校良好的教师教育资源，并对他们进行实践培训。为了确保实验室能够发挥应有的作用，还需要加强培训硬件环境建设，整合现有的所有培训资源，如微格教学培训室、公共心理实验室和语言培训室，并根据实际需要进行扩建，从而为提高教师的实践能力创造良好条件。

（三）校内外协同育人

其一，整合学校内外资源，放弃原有的教师教育组织体系，根据新的教学目标进行重建。教师教育资源的扩展和整合不仅有利于教师教育改革，而且可以显著提高教育质量。重新整合相关培训单位和各种教师教育资源，建立新的教师师德师风建设模式，以确保其独立运行性。必要的情况下，可以将教师送到教师教育学院接受培训，提高其教育能力。教师教育学院下设教师教育培训中心、学科课程教学中心、教师教育研究中心、培训中心等多个部门，在培养优秀教师的过程中有着丰富的教育资源，确保这项工作稳定有序地开展，取得显著成效。

其二，整合校内外教育资源，构建优秀教师培养机制。通过建立教师教育基地，启动实践教学项目。整合各类教育资源，实现资源共享。

---

[1] 周昕怡. 加强师德师风建设 培养新时代"四有"高职师资队伍[J]. 江西电力职业技术学院学报，2021，34（04）：77-78.

在教师教学能力的职前培训中，还应建立各种类型的教师教育发展体系，如研究型教育发展体系、合作教育发展体系和服务型教育发展系统，全面促进和转化取得的教育成果。

  乡村教育工作已经进入到新发展阶段，教师队伍建设工作中，师德师风建设是非常重要的环节。从当前这项工作的情况来看，对于教师职业道德要求比较高，这就意味着乡村教师师德师风建设任务艰巨。要保证乡村中学教学质量，需要高度重视教师职业能力培养工作，做到理论与实践相结合，还要运行激励机制。具体的工作中，还要坚持一定的原则，采取科学有效的策略，即合理选择教师培养模式，对教育类课程体系重新构建，开展实践教学工作中，内容要丰富多彩，同时还要启动校内外协同育人机制，以提高教师的职业素质，提高教学质量。

参考文献
REFERENCE

[1]吴永军.关于语文核心素养的理性思考[J].教育研究与评论,2022(10):13-18.

[2]吕惠青.初中语文核心素养内涵及其培养路径研究[J].教学管理与教育研究,2019(18):28-29.

[3]黄伟.追求阅读教学内容结构化,促成语文核心素养进阶发展[J].中学语文教学,2022(08):4-9.

[4]马杰.基于多元智能理论的初中语文核心素养培养策略研究[J].教育艺术,2022(05):65.

[5]魏晓伟.浅谈初中语文核心素养教学策略[J].中国多媒体与网络教学学报(下旬刊),2021(11):191-192.

[6]张铃.基于语文核心素养的语文写作教学研究[J].作家天地,2022(05):85-87.

[7]孙梅英.初中阅读教学中语文核心素养培养策略研究[J].新课程,2021(45):36.

[8]肖挺.立足古诗词教学 提升语文核心素养[J].中学语文,2022(30):15-16.

[9]魏文翠.读写联动,提升学生的语文核心素养[J].学园,2022,15(25):36-38.

[10]赵云霞.基于核心素养的初中语文阅读教学探究[J].文教资料,2020(30):203-204+162.

[11]李春海.关于开展群文阅读提升学生语文核心素养的策略研究[J].天天爱科学(教学研究),2022(04):49-50.

[12]李雪梅.基于语文核心素养的课程评价[J].课外语文,2022(09):8-10.

[13]张润林.现代初中语文核心素养培育和教学研究[J].文理导航(上旬),2020(11):15-16.

[14]夏月梅.初中语文核心素养的语言文字教学分析[J].课外语文,2022(09):107-109.

[15]方飞.基于语文核心素养的初中议论文教学策略[J].安徽教育科研,2022(05):36-37.

[16]陈静媛.浅谈阅读教学中语文核心素养的培养[J].中学课程辅导(教师通讯),2019(22):79.

[17]唐瑗霜.基于核心素养的初中语文课程整合实施方法[J].新课程教学(电子版),2021(06):11-12.

[18]胡立君.基于核心素养的初中语文拓展课程研究[J].语文天地,2021(09):77-78.

[19]刘海婴.语文核心素养与语文课程的特质研究[J].课外语文,2020(06):88+90.

[20]宋太荣.快乐语文,快乐生活——谈如何开展初中语文快乐教学[J].新课程,2020(23):52.

[21]李海阳.初中语文教学快乐课堂的构建策略[J].中学课程辅导(教师教育),2018(16):78.

[22]徐两文.初中语文教学中打造高效课堂的对策研究[J].读写算,2019(01):163.

[23]陆琴.初中语文快乐阅读教学法浅析[J].语文世界(教师之窗),2015(11):20-21.

[24]张志学.提高初中语文阅读教学效率的策略[J].智力,2022(16):98-101.

[25]尹素娟.初中语文写作教学的思路和策略[J].好作文,2022(08):31-32.

[26]杨卯成.探究初中语文教学中课堂导入的艺术[J].中学课程辅导(教师通讯),2019(13):53.

[27]纪元,纪凤臣.初中语文知识讲解技巧性应用方法[J].中学教学参考,2014(03):23.

[28]吴智慧.互动教学模式在初中语文课堂中的应用[J].黑河教育,2022(05):22-23.

[29]侍兴超.课堂总结是语文教学必不可少的环节[J].青少年日记(教育教学研究),2017(09):63.

[30]陈潘春.语文课堂向课外拓展延伸的教学策略研究[J].考试周刊,2021(71):4-6.

[31]黄少林.把握教材系统知识 梳理突出重点环节——农村中学中考语文总复习策略[J].福建教育学院学报,2017,18(03):22-23.

[32]陈国军.少教多学 构建高效课堂——初中语文教学模式的探讨[J].名师在线,2019(33):46-47.

[33]周昕怡.加强师德师风建设 培养新时代"四有"高职师资队伍[J].江西电力职业技术学院学报,2021,34(04):77-78.